Michael Rauhut

Raus aus der Spur

Silly und die DDR

Titelbild: Silly, Ost-Berlin, Februar 1989, von links: Ritchie Barton, Herbert Junck, Jäcki Reznicek, Tamara Danz, Thomas Fritzsching, Uwe Hassbecker © Karin Rocholl
Rückseite: Zeichnung: Jürgen Schmidt-André

Michael Rauhut, Dr. phil., 1963 im brandenburgischen Altdöbern geboren, ist Professor für populäre Musik an der University of Agder in Kristiansand/Norwegen. Er hat sieben Monografien veröffentlicht, darunter »Beat in der Grauzone«, »Rock in der DDR 1964 bis 1989« sowie »Das Kunden-Buch«. Neben seiner wissenschaftlichen Arbeit ist Rauhut als Filmautor und Rundfunkjournalist tätig.

UiA

Finanzielle Unterstützung: University of Agder, Faculty of Fine Arts, Kristiansand, Norwegen

Landeszentrale für politische Bildung Thüringen
Regierungsstraße 73, 99084 Erfurt
www.lztthueringen.de
2025

ISBN: 978-3-910740-66-2

Inhalt

Tamara Danz, gemalt von Armin Mueller-Stahl, 2023 © Galerie Kunstraum Jena

Bevor die Nadel sich senkt

Ein kurzer Signalton meldet den Eingang einer SMS. Bitte checken Sie Ihre E-Mails, wir haben eine Bilddatei geschickt. Die Jenaer Galeristin Marina Zollmann fährt den Rechner hoch. Es ist Anfang September 2023, vor zwei Monaten hatte sie den berühmten Schauspieler, Autor, Musiker und Maler Armin Mueller-Stahl gebeten, Tamara Danz zu porträtieren. Jetzt ist das Kunstwerk fertig.[1] Wie sieht es wohl aus, trifft Armin Mueller-Stahl, ein Meister des suggestiven Strichs, unseren Nerv? Eingeweihte wissen, »dass seine Bilder, vor allem die Arbeiten auf Papier, beinahe wie Partituren anmuten«.[2] Man muss sie zum Klingen bringen. Mueller-Stahl hat viele historische Persönlichkeiten verewigt, darunter auch Rockmusiker wie David Bowie, John Lennon oder Tom Waits. Nun reiht er die Silly-Sängerin in sein mächtiges Œuvre ein.

Der erste Anblick wirkt verstörend, wenn nicht gar wie ein Schock. Kein Zweifel: Das hier ist Tamara Danz, die seit ihrem frühen Tod zum Mythos wuchs. Wir erkennen sie an ihren toupierten, unbändigen Haaren, dem sinnlichen Mund. Doch wo sind all die leuchtenden Attribute geblieben, die wir zwangsläufig mit ihr verbinden? Das kollektive Gedächtnis hat sie völlig anders abgespeichert. In unserer Erinnerung ist sie ewig jung, stark und schön.

Armin Mueller-Stahls Tamara Danz fehlt die Eleganz und Leichtigkeit, die wir uns wünschen. Das Engelsgleiche, Unsterbliche. Die düsteren Farben und der gebrochene Blick zeigen stattdessen eine gealterte Frau. Ihr Gesicht erscheint aus einer schwarzen Leere, dem Nichts – oder wird es von ihm verschlungen? Sie ist gekommen, um uns etwas zu sagen. Eine Visionärin, deren Wort noch immer gilt. Bitterkeit umspielt ihre Lippen, das linke Auge erreicht uns nicht. Vielleicht sieht es eine Zukunft, die wir zu ahnen kaum wagen.

Wer in dieses Bild versinkt, entdeckt eine tiefere Dimension. Es ist das Phänomen der Zeit, das Armin Mueller-Stahl eingefangen hat, ihren unbeirrbaren Fluss. Wir möchten die Dinge, die uns vertraut sind, für immer festhalten. Doch sie rinnen uns unweigerlich durch die Finger. Nur die Erinnerung bewahrt ihre Essenz. Manchmal ist es ein Pinselstrich oder ein Klang, der uns das Damals spüren lässt.

Wenn wir die alten Platten von Silly auflegen, hören wir auch unsere Biografien. Die Songs von früher konservieren die Gefühle der eigenen Jugend, wie der Bernstein das Fossil. Doch sie speichern noch mehr. Über die persönlichen Erfahrungen hinaus spiegeln sie ein Stück Zeitgeschichte. Davon berichtet dieses Buch. Es widmet sich der ersten Karriere von Silly, der nach dem Mauerfall weitere folgten.

Die Band hat in der DDR fünf Alben veröffentlicht. Der Weg, den sie von »Tanzt keiner Boogie?« bis »Februar« zurücklegte, zeugt von einem beharrlichen Streben nach Emanzipation: Sukzessive befreiten sich die Musiker aus dem Klammergriff der Kulturpolitik und steuerten mit jeder LP zu neuen künstlerischen Horizonten. Die Attitüde der Unrast, der

Hutparty, Berlin, 1994, von links: Tamara Danz, Alfons Wonneberg, Armin Mueller-Stahl © Alex Becher, Archiv Tamara Danz

stetige Wille, etwas zu riskieren und sich selbst zu verändern, zog sich wie ein roter Faden durch Sillys Laufbahn und hob sie aus der grauen Masse der DDR-Kapellen heraus. Für Silly war Rockmusik niemals nur pures Entertainment und Broterwerb, sondern immer auch ein Statement, eine Demonstration von Haltung.

Diejenigen, die Sillys Jahre in der DDR aus einer emotionslosen Distanz betrachten und dabei nur die Oberfläche sehen, mögen die Band als angepassten Mainstream verurteilen. Medienpräsenz, offizielles Lob, Geld und Westreisen – dieses Raster lässt für Eigensinn und Gegenwehr keinen Platz. Tatsächlich waren die Dinge viel komplizierter. Anders als der nonkonforme Underground, der sich dem Zugriff des Apparats entweder entzog oder gegen ihn rebellierte, arrangierten sich die »etablierten« Bands mit den Verhältnissen und versuchten zugleich, die

Grenzen zu weiten. Das war ihre künstlerische Überlebensstrategie.

Gemessen an ihrer Publizität, den Privilegien, ihrem Renommee und Erfolg gehörten Silly eindeutig zum Kreis der Arrivierten. Mit ihrer subtilen Gesellschaftskritik und ästhetischen Weltläufigkeit, für die sich Massen begeisterten, sägten sie dennoch stärker am Status quo als eine Handvoll zorniger Punks, die ihren Unmut zwar unverhohlen, aber trotzdem nur in einer quasi-privaten Nische herausschrien.

An einer Band wie Silly lässt sich die besondere Kraft von Rockmusik in der DDR genauso hervorragend verdeutlichen, wie die spezifischen Bedingungen ihrer Produktion und Verbreitung. Sillys Beispiel birgt die Chance, vorschnelle Schwarz-Weiß-Interpretationen zu korrigieren und zu zeigen, dass ein breites Spektrum an Grautönen und Freiräumen sowie eine omnipräsente Kluft zwischen Wirklichkeit und Propaganda den Alltag prägten. Ihre Geschichte illustriert wie kaum eine andere das permanente, spannungsreiche Aushandeln von Interessen und die maximale Dehnbarkeit des staatlichen Rahmens. Sie zeugt von ungeahnten Möglichkeiten und Grenzgängen, ist eine Parabel über die widersprüchlichen Verhältnisse in der DDR. Sillys Karriere erzählt von Willkür und Zensur, von Kompromiss und Taktik, aber auch vom aufrechten Gang. Damit berührt sie ein zeitloses Thema – und schließlich auch das Hier und Jetzt.

Das Geheimnis

Armin Mueller-Stahl über den Klang von Bildern

Musik und Malerei gehören für mich zusammen. Jede gute Kunst will Musik werden. In meinen Bildern bin ich immer auf der Suche nach einer gewissen Harmonik. Ich setze mich mit Menschen auseinander, die mein Leben gekreuzt oder bestimmt haben. Meine Porträts zeigen, was mich an ihren Gesichtern fasziniert. Bei Tamara Danz war es das Geheimnis. Ich kannte sie nur vom Hörensagen, wusste um ihren guten Ruf. Wir sind uns ein einziges Mal begegnet, auf einer Party der Familie Klingbeil. Als die Anfrage kam, ob ich sie malen würde, erinnerte ich mich an ein Foto. Man sieht Tamara mit diesen vielen Haaren, die über ihr Gesicht hängen. Ja, es war ein großes Geheimnis um diese Frau. Und das hat mich gereizt. Wenn ein Bild fertig ist, liegt es beim Betrachter, was er darin erblickt. Das halte ich für viel interessanter als meine eigenen Gedanken. Also erzählen Sie, was Sie sehen![3]

Amiga ℗1981, Cover: Bernd Scheubert

Tanzt keiner Boogie

> Tatsächlich waren wir eine Vereinigung von Träumern, die nichts besaßen als einen unverbesserlichen Optimismus, die Bereitschaft zum äußersten Risiko und die feste Überzeugung, erfolgreich sein zu können.
>
> Tamara Danz über die Anfänge von Silly[4]

Eine abgefahrene Familie

Silly galten in der DDR als eine Klasse für sich. Unter den medial präsenten Bands ragten sie durch ihre musikalische Kompetenz, das westliche Styling und den wachen politischen Blick heraus. Sie strahlten eine Haltung aus, die reflektiert und ehrlich schien. Silly waren intellektuell und sinnlich, nonkonform und souverän, sie avancierten zu Stars und blieben doch nahbar. Ihr Sound und Image transzendierten die Enge des Ostens, wirkten kosmopolitisch, unbändig. Das latent Provinzielle, Spießige ging ihnen völlig ab. Man spürte, dass sie auf der Suche waren. Binnen weniger Jahre gelang ihnen die Metamorphose von einer soliden Tanzcombo zur vielleicht wichtigsten Rockgruppe der DDR.

Als Gründungsdatum gilt gemeinhin der 28. Mai 1978, der Tag, an dem Silly ihr erstes Konzert gaben, ein Open Air in Schmalkalden. Tatsächlich war die Kernbesetzung Tamara Danz (Solo-Gesang), Thomas Fritzsching (Gitarre, Gesang) und Mathias Schramm (Bass, Gesang) schon seit Frühjahr 1977 aktiv. Verstärkt durch weitere Musiker, traten sie in Bars und Hotels auf, coverten internationale Hits, unter anderem von den Beatles, Bee Gees, CCR, Mother's Finest oder Bob Marley.

Bandleader Thomas Fritzsching und Mastermind Mathias Schramm, beide Jahrgang 1949, hatten sich ihre Sporen in angesagten Soul- und Rockkapellen verdient und hegten große Ambitionen. Fritzsching besuchte als Kind öfter Verwandte in England und durfte 1976 mit seiner damaligen Gruppe für mehrere Wochen nach Amsterdam reisen, er kannte den Klang der weiten Welt. Außerdem verfügte er über nützliche Kontakte. Dank seines guten Drahts zur Künstleragentur der DDR absolvierten Silly im Sommer 1977 ein dreimonatiges Engagement an der rumänischen Schwarzmeerküste, in der Diskothek des Hotels »Perla« in Mamaia. »Wir machten eine Riesenshow«, schwärmte Mathias Schramm, »mit Seifenblasen, Plateaustiefeln und Schlaghosen.«[5] Die stundenlangen Auftritte waren eine prägende Schule und der entscheidende Schritt ins Rampenlicht.

Auch in den zwei folgenden Jahren fuhr die Band zur Urlaubssaison nach Rumänien; 1979 spielte sie dort erstmals Konzerte in Sportarenen, die bis zu 6.000 Zuschauer fassten. Die Musiker hatten

Familie Silly, 1981, von links: Manfred Kusno, Mike Schafmeier, Ulrich Mann, Mathias Schramm, Thomas Fritzsching, Tamara Danz © Herbert Schulze

die Auslandsaufenthalte genutzt und ein eigenes Repertoire erarbeitet. Ihr Stil orientierte sich an Reggae, Funk, Ska und Disco Music, die deutschen Texte stammten von verschiedenen Autoren. Im April 1979 waren Silly reif für die Medien und nahmen drei Songs in den Studios des DDR-Rundfunks auf.

Die Gruppe bestand damals aus sechs Mitgliedern; neben Danz, Fritzsching und Schramm gehörten Ulrich Mann und Manfred Kusno (beide Keyboards, Gesang) sowie Mike Schafmeier (Schlagzeug, Gesang) dazu. Ihr offizieller Name lautete »Familie Silly«. Diese eigenwillige Sprachkonstruktion war das Resultat eines Kompromisses. Bandchef Thomas Fritzsching suchte nach einem prägnanten Begriff, der international klang und schillernd genug war, um unterschiedliche Assoziationen auszulösen. Den Behörden erklärte er, das Maskottchen der Kapelle, die Katze von Tamara Danz, hieße

Silly. Doch das war eine Finte. Die Kulturfunktionäre stießen sich an der englischen Vokabel und lehnten den Antrag zur Registrierung ab. Erst der Zusatz »Familie«, der in ihren Ohren Kollektivgeist atmete, stimmte sie um. Im Ausland verdrehten die Veranstalter den Namen kurzerhand zu »Silly Family«. Die norwegische Presse annoncierte die »total abgefahrene Familie« als »ein Jugendorchester der besonderen Art«, dessen Show man nicht verpassen sollte.[6]

Für die Band war von vornherein klar, dass sie sich so schnell wie möglich von dem linkischen und bieder wirkenden Etikett trennen würde. Ab 1982 nannte sie sich konsequent nur noch Silly. Die Idee einer Familie, die Individualität zuließ und trotzdem zusammenhielt, blieb dennoch ihr Prinzip. Man teilte die Autorenrechte und Tantiemen genauso wie die Schulden für das teure Equipment und war auch abseits der Bühne ein eingeschworenes Team. In der Gemeinschaft fand man Kraft und Schutz, konnte man widrigen Umständen trotzen. Man habe sich ständig »aneinander hochgezogen«, erklärte Tamara Danz rückblickend. Ohne die anderen hätte sie vielleicht irgendwann kapituliert. »Man hat eben allein nicht so eine dicke Haut.«[7]

Auf Sendung

Die »dicke Haut«, ihr eiserner Willen zur Selbstbehauptung, der mit Cleverness und Risikobereitschaft gepaart war, öffnete Silly ungeahnte Möglichkeiten. Das zeichnete sich schon frühzeitig ab. Die Band schaffte, was sonst keinem anderen ostdeutschen Rock-Act gelang: Noch bevor sie in der DDR ein Album aufnehmen durfte, debütierte sie im Westen. Während ihrer Auftritte in Rumänien hatten Silly einen Bundesbürger kennengelernt, der Kontakte zur Westberliner Plattenfirma Hansa Records vermittelte. Hansa wollte eine LP mit der damals noch jungen, hoffnungsvollen Gruppe veröffentlichen und bat den Rundfunk der DDR um Material. Die Chefetage ließ sich die Chance, harte Währung zu kassieren, nicht entgehen und willigte in den Handel ein. Silly durften unter exklusiven Bedingungen im Mai und Juni 1980 in den Rundfunkstudios produzieren. Acht Songs landeten auf der Hansa-LP, die vier Monate später in mehreren westeuropäischen Ländern erschien. Eine solche Form der Kollaboration mit dem »Klassenfeind« war absolut ungewöhnlich, sie riss quasi ein Loch in die Mauer.

Hinter den Kulissen entbrannten heftige Diskussionen. Der Rundfunk hatte im Alleingang gehandelt und seine Kompetenzen überschritten, denn »das staatliche Außenhandelsmonopol für die Vergabe von Veröffentlichungsrechten an ausländische Schallplattenfirmen« lag beim VEB Deutsche Schallplatten. Zudem versäumte er, »Einfluss auf die Gestaltung der Schallplattentasche« und den Werbetext zu nehmen.[8] Dass die Band in Berlin-Pankow eine private Record Release Party feierte und dazu Vertreter von Hansa einlud, löste weitere Irritationen aus. Für Silly hatte die abenteuerliche Affäre einen schicksalhaften Effekt: Das volkseigene Amiga-Label, das bisher eine intensivere Zusammenarbeit mit der Gruppe ablehnte, geriet in Zugzwang und brachte ein Jahr nach dem Westen auch in der DDR eine Silly-LP heraus. »Tanzt keiner Boogie?« umfasste neun Titel, sechs waren mit der Hansa-Produktion identisch.

Die Band befand sich seinerzeit im medialen Aufwind, sie genoss reichlich Airplay durch Funk und Fernsehen. Seit Juli 1980 hatte sie einen Fördervertrag mit der Generaldirektion beim Komitee für

Backstage im Nirgendwo, 1982, von links: Ritchie Barton, Mathias Schramm, Tamara Danz, Mike Schafmeier © Ulrich Burchert

Unterhaltungskunst, einem Leitungsgremium des Kulturministeriums. Sie bekam staatliche Gelder für konzertfreie Probenphasen, die Bühnengarderobe oder den Druck von Plakaten. Außerdem stellte man ihr einen Mentor zur Seite – ein SED-Genosse, der für das politisch korrekte Verhalten der Musiker sorgen sollte und darüber regelmäßig zu berichten hatte, aber auch den Weg in die Öffentlichkeit ebnete. Im Mai 1981 wurden Silly von der Generaldirektion zum internationalen Unterhaltungsmusikfestival »Bratislavska Lyra« delegiert. Sie reisten in die ČSSR und stellten sich dem Wettbewerb, der Künstler aus 16 Ländern listete. Silly gewannen den Grand Prix, die »Goldene Lyra«. Die Band, die daheim durch die Provinz tingelte, war plötzlich ein Aushängeschild der DDR.

Silly überzeugten die Jury in Bratislava mit »Gut' Nacht, Amigo«, einem elegischen Popsong, der durch den Einsatz von Streichern, eruptiven Drum Fills und der gravitätischen E-Gitarre seinen dramatischen Sog entwickelt. Natürlich landete der Hit auf dem ersten Amiga-Album. Die Platte, die im Dezember 1981 in die Läden kam, setzte sich durchweg aus den Rundfunkproduktionen der vergangenen Jahre zusammen, bis auf eine Ausnahme stammten sämtliche Kompositionen und Arrangements von Mathias Schramm. Sie waren tanzbar, modern, stilistisch bunt.

Die Lyrics wurden von professionellen Rocktextern[9] beigesteuert, zwei verzeichneten Tamara Danz als Autorin. Sie ließen bereits das Talent der Sängerin und ihre Ambitionen ahnen, die sie erst ein knappes Jahrzehnt später ausreizen würde. »Irgendwann stinkt jeden mal was an« steht wissend über den Dingen. Tamara Danz doppelt provokant ihre Stimme, zieht die unteren Register, klingt lässig und abgeklärt. Sie straft die »gerümpften Nasen« und leeren »Phrasen« mit Verachtung und fordert: »Spuck aus, was du zu sagen hast!« Eine Hard-Rock-Gitarre sekundiert die unverblümten Worte. Im zweiten Text, »Pack deine Sachen«, zeigt eine selbstbewusste, junge Frau dem angeblich »cleveren Mann« die Tür. »Jetzt ist endgültig Schluss«, »ich hab' es satt mit dir«. Die Presse fand Gefallen am Bild der kratzbürstigen Emanze und hätte Tamara Danz am liebsten in dieser Schublade festgenagelt. Doch so leicht war sie nicht zu fassen.

Der gestalterische Ehrgeiz, der später zu ihren Markenzeichen gehören und sie aus der Szene herausheben wird, blitzt bei mehreren Songs des Debüt-Albums auf. In »Blue Jeans« lernen wir Tamara Danz als fesselnde Soul-Sängerin kennen. Ihre Stimme ist flexibel, treibend und dynamisch, sie besitzt einen enormen Drive, der in jubelnden Vokalisen überschäumt und auch durch das lasche Solo des Minimoogs nicht ruiniert werden kann. Der Text, verfasst von Kurt Demmler, erinnert unweigerlich an Ulrich Plenzdorfs Romanfigur Edgar Wibeau – ein Aussteiger, der unsere Sehnsucht und Trauer über die Flüchtigkeit des Glücks spiegelt. Wenn Wibeau in Ekstase gerät, stimmt er seinen »Bluejeans-Song« an. Nur unsere Phantasie weiß, wie er klingt. Es ist ein Lied über die Freiheit, denn für Edgar sind Jeans »eine Einstellung und keine Hosen«.[10] Kurt Demmler spinnt den Jargon und die Idee weiter: Der blaue Stoff ist natürlich ein Symbol der Jugend, aber auch für Unabhängigkeit, Stärke. »Keiner holt mich darin ein, darin kann ich sicher sein.« In der Passage »mit Nähten dick wie Draht« erkennen wir eine weitere Reminiszenz an Plenzdorf: Sein Held trägt eine »Rupfenjacke«, die er selbst genäht hat, und zwar mit Kupferdraht.

Das große sängerische Potenzial, das Tamara Danz schon bald ausbuchstabieren wird, scheint auch bei »Angst in der Nacht« durch. Wir spüren den Albdruck des »Mühlsteins«, der da »auf der Brust« lastet, die klaustrophobe Tunnelfahrt, das Feuer des Schreckens und den Griff an die Kehle. Nicht minder überzeugend ist ihre Interpretation von »Menschenland«, das lyrische und musikalische Glanzlicht der LP. Tamara Danz umarmt uns mit langen Legato-Bögen, ihre Stimme irrt durch das Dunkel, fleht und zweifelt. Sie wird von einem epischen Piano begleitet, Keyboard-Flächen und dezenten Pizzicato-Streichern, bis sich das vor Einsamkeit zusammenkrampfende Herz in einem Synthesizer-Solo ausschüttet, kongenial gespielt von Gast Ritchie Barton.

Die Schwermut und Introvertiertheit von »Menschenland«, mit der die Platte endet, setzt einen Kontrapunkt zu den anderen Liedern, vor allem zu »Der letzte Kunde«, ein vom Akkordeon getragener Schunkler. Beide Songs wurden von Werner Karma getextet, es sind die jüngsten Stücke, produziert im Mai 1981. Inhaltlich mit »Menschenland« durchaus verwandt, treibt »Der letzte Kunde« das Prinzip des Klamauks, eine frühe Ingredienz des Live-Konzepts von Silly, auf die Spitze. Drummer Mike Schafmeier, der hier ans Gesangsmikro tritt, mimt den notorischen Trunkenbold, lallt und krakeelt. Er »kommt einfach nicht los vom Hahn« und setzt alles in den Sand. Seine Frau gibt ihm den Laufpass, von der »letzten Bahn« sieht er nicht einmal mehr die Rücklichter.

Der simple Song, der zum Mitklatschen animiert, avancierte zum Hit und wurde auch später von den Fans bei Konzerten hartnäckig eingefordert. Er lastete wie ein Fluch auf der Band, die sich inzwischen stilistisch längst gehäutet und für ein eher

Menschenland

Warum bin ich nur so allein
In diesem Menschenhaus
Es brodelt wie im Bienenfass
Und hastet rein und raus

Bleib doch bitte steh'n den Moment
Will doch nur mal seh'n, wer da rennt
Will doch gar nicht rein in dein Nest
Nur so mal reden

Warum bin ich nur so allein
In dieser Menschenstadt
Die über Tag wild um sich schlägt
Und nachts kein Ufer hat

Pünktlich kommt der Schlaf, totengleich
Sinken Mensch und Tier in den Teich
Der die Stadt umspült, grau und kühl
Bis an die Dächer

Warum bin ich nur so allein
In diesem Menschenland
Die Wünsche, die ich in mir trag
Die stürzen über'n Rand

Schlägt der Wind sie mir vom Gesicht
Finden sie ein Ohr oder nicht
Ich hab doch keine Wahl, muss doch hier
'ne Antwort haben

Text: Werner Karma[11]

intellektuelles Image entschieden hatte. Vielleicht war das einer der Gründe, weshalb die LP nicht wie die anderen in den 1990ern auf CD wiederveröffentlicht und damit quasi aus der Silly-Diskografie gestrichen wurde. Weiteren Ausschlag mag der disparate, zusammengewürfelte Charakter von »Tanzt keiner Boogie?« gegeben haben, dieses Flickwerk aus Rundfunkaufnahmen, die über einen Zeitraum von zwei Jahren entstanden.

Und doch wies das Album in die Zukunft. In den Kompositionen, Texten und gesanglichen Finessen keimten schon die Angriffslust, das Unkonventionelle, Treibende. Diese Haltung kann man auch am Plattencover ablesen. Gestaltet von Bernd Scheubert, strömt es Witz, Power und einen Funken Renitenz aus, für DDR-Verhältnisse ist es geradezu reißerisch. Die Musiker fetzen mit einem süffisanten Grinsen die alten Hüllen von den Wänden, Tamara Danz beugt sich nach vorn, tritt uns entgegen, sie ist wild und weiblich, ihr Blick hält dem Betrachter stand. Die knappen Shorts umschlingt ein Gürtel, auf dem der Schriftzug einer amerikanischen Jeans-Marke prangt.

Eine ähnliche Coolness durchzieht das Video zu »Tanzt keiner Boogie?«, dem Titelsong des Albums. Es wurde 1981 von der DEFA produziert und dann in Kinovorprogrammen und Diskotheken eingesetzt, um Silly zu featuren. Die Musiker gleichen Mafiosi, sie tragen schwarze Anzüge und Sonnenbrillen, bauen Angelhocker auf und starren Löcher in die Luft, während die Sängerin spöttisch nörgelt: »Bin ich denn hier im Altersheim?« Mit der scheint nicht gut Kirschen essen, sie wirkt frostig, lächelt kaum, sondern verdreht die Augen. Wer hätte schon die Traute, sie aufs Parkett zu bitten? Skurrile historische Aufnahmen – Szenen aus der Tanzstunde und dem Ballettsaal –, die in den Film montiert werden, komplettieren die Persiflage. Es ist eine Abfolge von originellen Stilbrüchen und aberwitzigen Wendungen, die eine seltene Frische atmet.

Nicht jeder applaudierte damals der Band. Als ihr Debüt »Tanzt keiner Boogie?« mit viel Furore auf Sendung ging, regte sich erster Gegenwind. Der Stellvertretende Chefredakteur der Programmzeitschrift »FF dabei« zerrte in einer mit »Ich habe ›einen Bock‹!« betitelten Kolumne »die Jungsingerin [sic] Tamara Danz« vor den Richtblock, um an ihr ein Exempel zu statuieren. Er hatte sie kürzlich im DDR-Radio gehört, da »schrie« sie: »Kein Kleid, kein Rock, oh nein, ich hab 'nen Bock auf Jeans in Blue.« Woher »das schlimme Sprachbild« stamme, sei klar. Es handele sich um einen »neudeutschen Gassenjargon«, der »klammheimlich über die (Äther-)Grenzen geschlichen« käme. Der Autor zog eine kurze Linie zwischen Sillys »Blue Jeans« und dem aktuellen »Protest« des Punk »gegen die arrivierte Gesellschaft« des Westens, dem ja »bei uns« jegliche »soziale Wurzeln« fehlten. »Es scheint an der Zeit«, so das Fazit, »darüber zu reden, dass manche ›Formen‹ bei weitem nicht dem Inhalt sozialistischer Unterhaltungskunst entsprechen.«[12] Dem stimmten mehrere Leserbriefe zu. Das »Kollektiv des Kulturhauses« einer brandenburgischen Kleinstadt blies sich theatralisch auf: »Klischeehafte Übernahmen aus uns feindlich gegenüberstehenden Kulturgefilden haben bei uns keinen Platz. ›Wem nützt es?‹, diese wesentliche Frage des Klassenkampfes gilt auch im Bereich der Unterhaltungskunst.«[13] Die Spießer und der Apparat waren sich einig.

Bezeichnenderweise hatte »Blue Jeans« die Filter der Zensur passiert, die jeder Musikproduktion in der DDR vorgeschaltet wurden. Der Rundfunk besaß mit dem sogenannten Lektorat eine allmächtige Kontrollinstanz. Sie setzte sich aus Fachleuten und Kulturfunktionären zusammen, die einmal pro Woche über die Produktionswürdigkeit von Songs entschieden. Ihr Interesse galt in erster Linie der verbalen Botschaft, die Musik war zweitrangig. Als »Grundvoraussetzung für die Annahme eines Titels« wurde »die Einheit von Subjektivität, Originalität und Parteilichkeit« definiert. »Sprachschönheit, Sprachsicherheit und Sprachtreffsicherheit« waren weitere Kriterien.[14] Was diesen schwammigen Attributen nicht genügte und als heikel oder unästhetisch eingestuft wurde, fiel durch den Rost. Willkür grassierte.

Etliche Silly-Songs sind vom Lektorat beanstandet worden, sie mussten umgeschrieben und dann erneut eingereicht werden. Das betraf etwa »Gut' Nacht, Amigo« (Text: Ingeburg Branoner) oder »Der letzte Kunde«. Jan Wittes »Angst in der Nacht« führte zu »ewigen Diskussionen und Änderungen« und wurde schließlich in der »angepassten Drittversion« veröffentlicht.[15] Erheblichen Unmut löste »Menschenland« aus. Das Lied hieß ursprünglich »Leb wohl« und hatte einen völlig anderen Text. Werner Karma, der es heute selbst »eine künstlerische Fehlgeburt«[16] nennt, sinniert über eine Liebe, die im »Sumpf der Moral« zu versinken droht. Wir sehen ein ungleiches Paar – er ist ein »stolzer« Vagabund, sie eine von gestrigen Konventionen zerfleischte Frau. Was ihr nicht gelingt, wünscht sie ihm: »Streif die Fesseln ab!« Das Lektorat stieß sich am ketzerischen Ruf nach Freiheit und urteilte: »Text entspricht nicht den gesellschaftlichen Verhältnissen. Wird wieder vorgelegt!«[17] Die neue Fassung, »Menschenland«, wurde akzeptiert, obwohl sie viel massiver an die Substanz ging.

Intern schlug der Song einige Wellen, die sogar bis ins ZK der SED schwappten. Die Abteilung Agitation attestierte ihm »eine sehr ernst zu nehmende Tendenz in die falsche politische Richtung«. Denn: »Dieser Titel verbreitet eine Stimmung der Vereinsamung.« Die Schlussfolgerung lautete: »Wir müssen dafür sorgen, dass Titel dieses Charakters zukünftig vom Rundfunk und vom Fernsehen gar nicht mehr angenommen und eingesetzt werden, weil nachträgliche Absetzungen unnötige politische Querelen hervorrufen. (...) Gleichzeitig müssten die Verantwortlichen in Rundfunk und Fernsehen intensiver auf die Künstler einwirken, damit die richtigen Titel entstehen und falsche möglichst gar nicht erst zustande kommen.« Das ZK sei bereit, »daran aktiv mitzuwirken«.[18]

Alpha-Sängerin Tamara Danz

Kritik wie auch Wohlwollen fokussierten meist auf Tamara Danz, die Stimme und das Gesicht von Silly. Sie wurde aus unterschiedlichsten Perspektiven als Alpha-Figur wahrgenommen – von den Funktionären, der Presse, den Fans. Am 14. Dezember 1952 in Thüringen als Einzelkind geboren, wuchs sie in behüteten Verhältnissen auf. Ihre Mutter war gelernte Kindergärtnerin, der Vater arbeitete als Maschinenbauingenieur. Später wechselte er in den diplomatischen Dienst und vertrat die DDR als Handelsrat in verschiedenen Ländern. Als Tamara Leonore, so ihr vollständiger Vorname, zwei Jahre alt war, zog die Familie nach Bulgarien, ab 1963 wohnten sie in Rumänien. Die Tochter besuchte die Schule der sowjetischen Botschaft in Bukarest und lernte perfekt Russisch. 1967 kehrte sie nach Ost-Berlin zurück.

Tamara Danz, backstage in Bremen, 1987 © Jürgen Sieker

Der Vater fiel bald in politische Ungnade, weil er von der Parteilinie abwich. Man unterstellte ihm Kontakte zu westlichen Spionageorganisationen und schloss ihn aus der SED aus, die DDR-Staatsanwaltschaft ermittelte gegen ihn. Seine Karriere war beendet. Tamara Danz' Weltbild wurde durch diese Erfahrung genauso geprägt wie von der Kluft zwischen Realität und Propaganda, die sie als Kind im sozialistischen Ausland erlebte. Mit 15 Jahren fiel sie dem ostdeutschen Geheimdienst auf, weil sie gegen die Zerschlagung des Prager Frühlings durch Truppen des Warschauer Pakts 1968 protestierte. Fortan galt sie als politisch labil oder gefährlich sowie westorientiert, man beargwöhnte ihren Stolz, das extravagante Naturell und ihre Lust am Meinungsstreit.

Als Teenager entdeckte Tamara Danz die Gegenwelt des Rock. Sie verliebte sich in die Musik und Attitüde der Rolling Stones und schloss sich einer Clique von »Gammlern« an. Gemeinsam okkupierte man die Straßenecken und Parkbänke, um die Eltern und Spießbürger mit voll aufgedrehten Kofferradios zu schocken. Noch minderjährig, geriet sie in eine Razzia und fand sich in einem Stasi-Verhör wieder. »Von da an waren Rock 'n' Roll und Politik für mich untrennbar.« Ihr wurde klar: »Du musst in dieser Gesellschaft einen Platz finden, der dir ein Höchstmaß an Freiheit und ihr ein Mindestmaß an Einschränkungen erlaubt. So bin ich Sängerin geworden.«[19]

Im Herbst 1972 überredete sie ein Freund, dem Oktoberklub beizutreten, dem prominentesten Singeklub der FDJ. Tamara Danz blieb für ein Jahr und lernte etliche Mitglieder kennen, die später in einflussreichen Positionen landeten – darunter Gisela Steineckert (Präsidentin des Komitees für Unterhaltungskunst), René Büttner (Chefredakteur Amiga) und Hartmut König (Sekretär für Kultur im Zentralrat der FDJ). Diese Kontakte sollten ihr und Silly in schwierigen Zeiten so manche Tür öffnen. Wichtige Lehrjahre durchlief Tamara Danz in der Horst-Krüger-Band, ihre erste professionelle Station. Sie gehörte dem zehnköpfigen Ensemble von 1974 bis zu dessen Auflösung 1976 an, war eine der drei Vokalistinnen. 1977 trat sie schließlich der Familie Silly bei und absolvierte parallel eine Gesangsausbildung, die sie 1979 mit dem Berufsausweis abschloss.

Mit Silly begann für Tamara Danz eine neue Zeitrechnung. Sie hatte Verbündete gefunden, Träumer ohne Netz und doppelten Boden. Die kommenden Jahre waren ungestüm, kreativ und voller Herausforderungen. Sie ließen die Sängerin zu jener Persönlichkeit reifen, an die wir uns gern erinnern. Weggefährten bescheinigen ihr eine hohe Intelligenz, Ehrgeiz und einen stabilen Gerechtigkeitssinn. Sie war mutig, kompromisslos, streitlustig und stur. Werner Karma beschrieb plastisch, wie sie um jede einzelne Zeile kämpfte: »Tamara sitzt wie eine Glucke auf ihren Songs und hackt nach Kräften auf die Eierdiebe der Politik ein.«[20] Auch wenn Blessuren nicht ausblieben, konnte tieferes Unheil immer abgewendet werden. Anders als zahlreiche Kollegen, die man mit Auftrittsverbot belegte oder außer Landes drängte, standen Silly nie vor der Existenzfrage. Der »kurze Prozess« blieb ihnen erspart. Das lag nicht zuletzt am strategischen Geschick von Tamara Danz sowie an ihrer entwaffnenden Freundlichkeit und dem unwiderstehlichen Charme. Sie vermied die offene Konfrontation, ihre Renitenz trug ein Lächeln.

Bei Silly blühte Tamara Danz als künstlerische Autorität auf. Sie wuchs zur Interpretin, die ein breites Charakterspektrum beherrschte, von verletzlich und sanft bis schneidend kalt und aggressiv. Man nahm ihr den Hochmut genauso ab wie das jämmerlich blutende Herz. Sie war unnahbar und weich, Butter und Beton. Fantasievoll lotete sie die Nuancen ihres Stimmvolumens aus, das vom rauen, manchmal rauchigen Alt bis zu einem glockenhellen Sopran reichte. Die Fachpresse rühmte ihre einzigartige Gestaltungskraft und Wandlungsfähigkeit. Sie konnte ernst und nachdenklich klingen, aber auch spöttisch, muskulös und vulgär. Ein Rezensent meinte, dass sie »vor Dynamik zu bersten scheine«. Ihre Art zu singen, gebe »das heutige Zeitgefühl« wieder.[21]

Aufsehen erregte, wie sie völlig unterschiedliche Frauentypen darstellte. Viele von ihnen musste man im DDR-Rock mit der Lupe suchen. Schon auf »Tanzt keiner Boogie?« inszenierte sie ein lebenshungriges, lustbetontes und zügelloses Ich, das herkömmliche Geschlechterklischees auf den Kopf stellte. Die B-Seite der LP zeigte sie dünnhäutig, melancholisch und zweifelnd. Später kamen auch weiblich-zarte und sehnsuchtsvolle Züge zum Klingen. In manchen Songs schloss Tamara Danz den Mann wie eine Mutter in die Arme, spendete sie Wärme und Geborgenheit. Nun war sie wissend und stark. Eine weitere, sonst nur selten besungene Kategorie bildeten die Verlierer und Ausgestoßenen, die vom Leben Gezeichneten. Sie wirkten nie elend oder würdelos, sondern verdienten unsere Sympathie.

Ihren Bewunderern galt Tamara Danz als authentisch und deshalb als uneingeschränkte Identifikationsfigur, egal, welche Rolle sie auch spielte. Als sie 1996 im Alter von nur 43 Jahren starb, stieg sie vom Idol zum Mythos auf. Das ist sie bis heute geblieben.

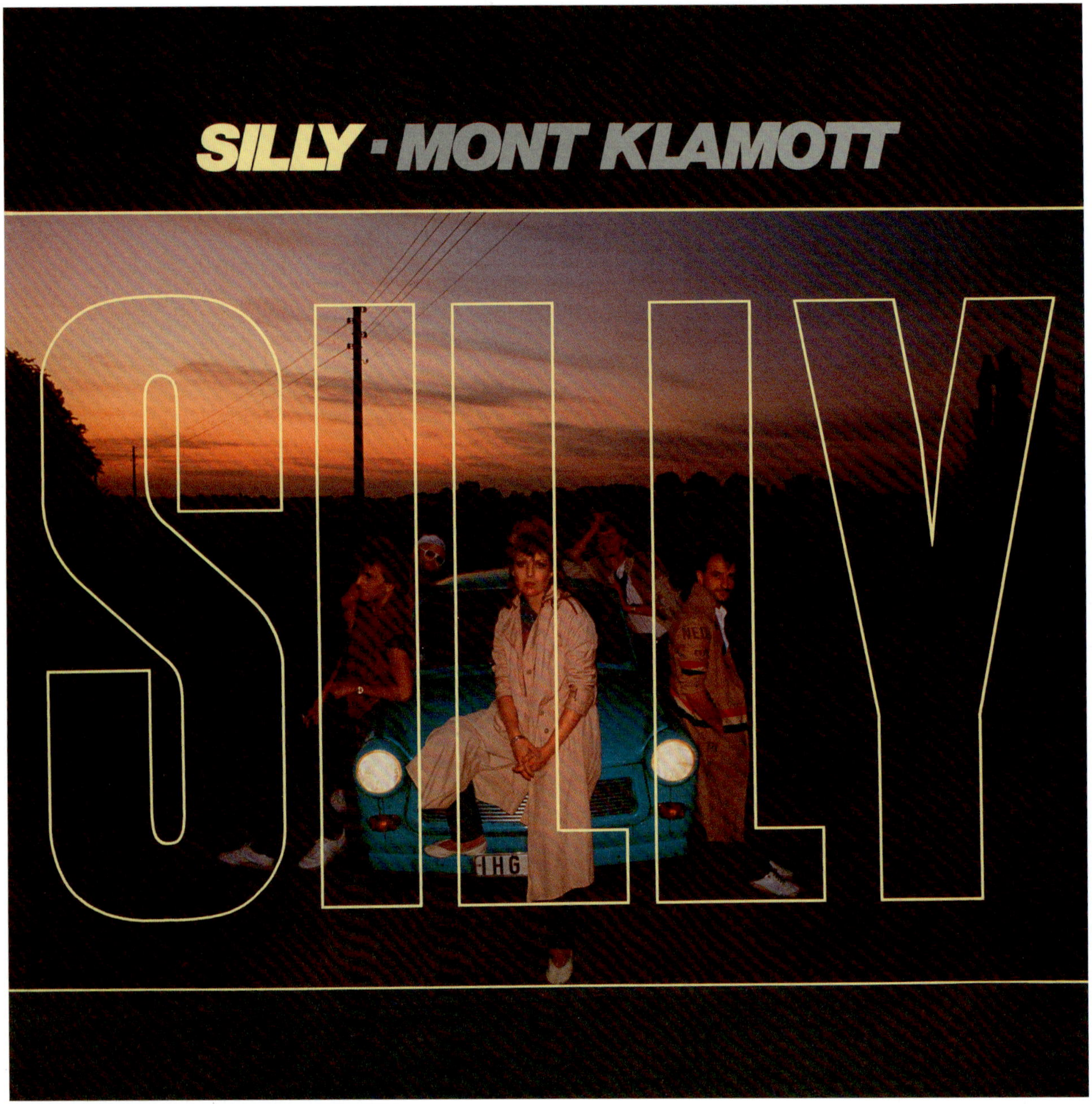

West-Ausgabe von »Mont Klamott«, Pool ℗1983, Cover: Jim Rakete (Foto), Roman Stolz (Gestaltung)

Mont Klamott

Der Durchbruch

Im Herbst 1982 gingen Silly ins Studio, um ihre zweite LP aufzunehmen. Diesmal sollte es ein konzeptionell ausgefeiltes, stimmiges Werk werden und keine bloße Aneinanderreihung von Nummern. Die Band besaß inzwischen einen respektablen Ruf, wurde aber unterschiedlich wahrgenommen. Funk und Fernsehen präsentierten sie als Popgruppe und stellten Silly seit Bratislava auch gern mal in die Schlagerecke. Dabei war diese Phase längst passé. Ihre Konzerte, auf denen die Musiker frisches Material testeten, kündeten von einer neuen Ära. Davon wusste auch die Reporterin des Jugendmagazins »neues leben« zu berichten, die Silly bei der Produktion des Albums besucht hatte und nun »die Geburtswehen« schilderte, »die vielen Stunden des Arbeitens und Streitens«.[22] Es lag etwas in der Luft.

Mit »Mont Klamott« gelang Silly ein substanzieller Imagewechsel und der Durchbruch in der ostdeutschen Rockszene. Als Amiga im Frühjahr 1983 die Platte auf den Markt brachte, kam das einem Paukenschlag gleich. Das Opus vollzog einen künstlerischen Quantensprung, war mit keiner anderen DDR-LP vergleichbar. Es klang kernig, subtil und modern, hatte den Biss der New Wave. Seine Texte vermählten Poesie mit Unrast, sie sendeten Botschaften aus, die man im öffentlichen Raum nur selten hörte. Der Kontrast zu den immer belangloseren Liedern der saturierten Berufsrocker konnte größer nicht sein.

Silly boten ihre Songs zur richtigen Zeit an. Nur wenige Monate früher wären sie vielleicht kulturpolitischen Grabenkämpfen zum Opfer gefallen. Anfang der 1980er Jahre entzündeten sich heftige ideologische und ästhetische Debatten an innovativen Trends, die im Westen den eingefahrenen Status quo des Rock aushebelten und auch hinter der Mauer ihre Kreise zogen. Während man sich im Falle des Punk einig war, dass diese Form des »antikapitalistischen Protests« keinerlei Relevanz für die DDR besäße, schieden sich die Geister an der Neuen Deutschen Welle. Hardliner erkannten in ihr ein revanchistisches, gesamtdeutsches Begehren und beargwöhnten sie als gezieltes Störmanöver. Anders sei die plötzliche Entdeckung der Muttersprache durch die westlichen Musikkonzerne nicht zu erklären. Schallplatte und Rundfunk hingegen beugten sich der Macht des Faktischen, der enormen Popularität, und holten NDW affine Künstler in die volkseigenen Studios und Sendungen. Zwar nur schwach dosiert, aber mit hoher Signalwirkung.

Wie sehr der staatliche Apparat von Interessenkonflikten und Widersprüchen zerrissen war, illustrierten die Querelen um die Gaukler Rock Band.

1979 gegründet, segelte die Ostberliner Kapelle weit oben auf der »neuen Welle«. Sie meuterte in Text und Habitus gegen die Konventionen und trieb damit den Blutdruck so manchen Biedermanns in die Höhe, hatte aber auch einflussreiche Fürsprecher. Am 21. Oktober 1980 stand sie auf dem Programm der »FDJ-Werkstattwoche Jugendtanzmusik« in Suhl. Zu diesem Wettbewerb hoffnungsvoller Amateurbands, der im Zweijahresrhythmus ausgerufen wurde, reisten Medienleute und Kulturfunktionäre aus der ganzen Republik an.

Die Stasi gab über das Konzert zu Protokoll: »Die Mitglieder der Formation traten durch ein bewusst provokatorisches Auftreten in Erscheinung, indem sie gegen die Kulturpolitik und allgemein gegen die gesellschaftlichen Verhältnisse in der DDR gerichtete Äußerungen tätigten; während ihres Auftritts ein anstößiges, dekadentes Verhalten zeigten und entsprechende Texte verwandten.« Selbige hätten »ordinäre, perverse und erniedrigende Inhalte«. Sänger André Herzberg »wälzte sich auf der Bühne umher und stellte einen kaputten Menschen dar«, außerdem imitierte er die »Bewegungen beim Geschlechtsverkehr am Gesäß eines Musikers der Band«.[23] Der spätere Frontmann der Band Pankow erging sich in »Vulgarismen« wie »Scheiße, Arsch, bumsen, kotzen«.[24] Die »bewusste Abkehr von der ›schicken Kunst‹«[25] hinderte Amiga nicht, drei Songs der Gaukler zu produzieren und auf mehreren Samplern zu veröffentlichen. Sie stürmten dann auch die Hitparaden des DDR-Rundfunks.

Der FDJ-Zentralrat, unter dessen Fahne die Gaukler in Suhl ihr Publikum elektrisierten, erklärte zwei Jahre später die NDW und ihre Sympathisanten noch einmal zur Chefsache. Auf einer Kulturkonferenz im Oktober 1982 forderte Hartmut König, Leiter der Kulturabteilung des Zentralrats, »darauf Einfluss zu nehmen, dass sich das breite Spektrum gerade unserer Rockmusik nicht wieder verengt. Genau das liegt nämlich in der Absicht unseres Gegners, der mit einem gewaltigen Aufwand dabei ist, ein zum Teil äußerst primitives Rockrepertoire als große neue Mode zu verkaufen.« Leider seien dieser Strategie auch »einige Musikredakteure« des staatlichen Rundfunks auf den Leim gegangen.[26]

König reihte seinen Angriff auf die NDW in eine generelle Abrechnung mit kritischen und abtrünnigen Künstlern ein; namentlich wurde etwa der Stab über den Dramatiker Heiner Müller und Schriftsteller Volker Braun gebrochen. Das klang nach einer ernsten Kampfansage und wurde von vielen mit Sorge registriert. War nun ein »härterer Kurs«[27] oder gar die Renaissance der Kahlschlagpolitik der Sechziger zu befürchten, ein »zweites 11. Plenum«?[28]

Tatsächlich erwies sich die verbale Mobilmachung der Kulturkonferenz als letztes Aufbäumen, ein Säbelrasseln, das schnell verpuffte. Hinter den Kulissen zeichnete sich seit längerem ein Umdenken ab, rückten die Neutöner des Rock in ein differenzierteres Licht. Schon im April 1982 hatte die Kulturabteilung des ZK der SED mit der Ausarbeitung einer »Argumentation zu einigen Fragen der Entwicklung der Rockmusik in der DDR« begonnen. Sie konsultierte Vertreter der Medien und des politischen Apparats, unter ihnen Hartmut König. Nach einem positiven Resümee des »eigenen Profils«, das sich seit den frühen 1970ern ausgeprägt hatte, wurden zunehmend Schwachstellen benannt. Viele der großen Klassiker gingen zwar mit hoher Kunstfertigkeit ins Ohr, krankten aber gleichzeitig an »einer gewissen textlich-inhaltlichen Unverbindlichkeit, Verinnerlichung und Romantisierung«. Der »Verzicht auf

Silly bei der Fernsehsendung »Stop! Rock«, 1983, von links: Ritchie Barton, Thomas Fritzsching, Tamara Danz, Mike Schafmeier, Mathias Schramm © Herbert Schulze

reale, alltagsbezogene Konkretheit« führte zur »Gefahr eines Substanzverlustes und der Einengung des Wirkungsfeldes«.

Anders als die Propaganda forderte das interne Dokument eine größere Offenheit für westliche Impulse. Punk und New Wave sollten zwar weiterhin kritisch bewertet, aber nicht mehr prinzipiell ausgebremst werden. Der Neuen Deutschen Welle, so »diffus« sie auch sei, bescheinigte man einen tendenziell »antikapitalistischen Ansatz«, weil sie sich »gegen die bestehenden gesellschaftlichen Zustände« richtet. Daran könne auch die gnadenlose »Kommerzialisierung« nicht rütteln. Entscheidender als das Trennende seien die gemeinsamen Schnittstellen. »Ein wichtiger, für uns zu berücksichtigender Fakt ist, dass die unkomplizierte Musizierweise, die direkte, unverblümte Sprache, das Aufgreifen von Alltagsproblemen und der individualistische Gestus auch Lebensgefühle junger Menschen in der DDR treffen oder ihnen nahekommen.«

Das elfseitige Positionspapier endete mit der Frage: »Welche Aspekte und Merkmale sind also für uns brauchbar? Welche Elemente sind abzulehnen?« Als negativ wurde das einäugige Fokussieren auf »Außenseiter« und »Reizthemen« genauso aussortiert wie die »demonstrative oder überbetonte Verwendung von Kraftausdrücken«, billige »Action« und »eine stupide Motorik«. Es ginge um die Erschließung des positiven Potenzials: die musikalische »Frische und Unbekümmertheit«, theatralische Mittel, »die Verwendung von Elementen des Humors, der Satire bis zum Nonsens«, vor allem jedoch die »soziale Konkretheit« der Texte, »die Darstellung von Alltagsproblemen und realen Lebenssituationen«. Das bemerkenswerte Dokument plädierte für mehr »Mut und Vertrauen« und warnte davor, »mit Verboten etwas verhindern zu wollen«.[29]

In einer kurzen Passage tauchten Silly expressis verbis auf. Das ZK lobte sie als eine jener jungen Bands, die »interessante neue Wege versuchen«.[30] Die politischen Zeichen standen also günstig für ein Projekt wie »Mont Klamott«. Hinzu kam, dass Silly inzwischen vom Rundfunk zu Amiga gewechselt waren, was einen erheblichen Zuwachs an künstlerischer Freiheit mit sich brachte. Die Plattenfirma besaß einen größeren Entscheidungsspielraum als der Funk, den die SED als ihr unmittelbares Sprachrohr definierte. Der VEB Deutsche Schallplatten folgte zwar auch kulturpolitischen Maßgaben, musste sie aber mit wirtschaftlichen Interessen austarieren. Daraus resultierte eine andere Risikobereitschaft. Amiga-Chef René Büttner erklärte im Rückblick lapidar: »Ich habe den Betrieb wie ein kaufmännisches Unternehmen geführt, nicht wie ein ideologisches.« Letztlich ging es um Planerfüllung. »Ich hatte im Jahr 3,5 Millionen Mark Gewinn zu machen. Das hieß mindestens 100 Millionen Mark Umsatz.«[31] Der ökonomische Druck weichte das Prinzip der bedingungslosen »Parteilichkeit« auf und ließ immer mal wieder kritische Songs als Kaufanreiz zu.

Die unterschiedlichen Abhängigkeitsverhältnisse trieben paradoxe Blüten: Heikle Titel, die Amiga produziert hatte, landeten beim Rundfunk nicht selten auf dem Index. Im Falle von Silly wurden etwa der Umweltsong »Dicke Luft« und »Die Gräfin« mit Sendeverbot belegt. Letzterer war ursprünglich den Rundfunkstudios angeboten worden, scheiterte jedoch am Veto des Lektorats. Das Lied erzählt von einer betagten Dame, die am Rand der Gesellschaft lebt, vergessen, in blanker Tristesse, ohne Hoffnung auf Glück. Sie ertränkt ihre Einsamkeit in »Korn und Kümmel« und trauert besseren Zeiten nach, die es wahrscheinlich nie gegeben hat. Schicksale wie das ihre wurden sonst in der Öffentlichkeit ausgeblendet, sie passten nicht zur Erfolgspropaganda der SED. Silly porträtierten »die Gräfin« als Nachbarin und gaben ihr die Würde zurück. In der letzten Strophe singt Tamara Danz: »'ne Treppe unter mir, da wohnt 'ne Alte / die ist so grau wie mein verschoss'nes Haus / Und wenn mir mal die Zunge aus'm Hals hängt / denk ich an sie und lach mich selber aus.«

Das Lektorat urteilte: »Wirkt zynisch und abfällig! Titel abgelehnt!«[32] Zur Begründung wurde ausgeführt: »Der persönlich gehaltene, sich auf eine ältere Frau beziehende Inhalt ist subjektiv dargestellt, erhält aber durch die Sendung im Rundfunk verallgemeinernden Charakter und dürfte zu undifferenzierten Schlussfolgerungen in den Beziehungen der

Amiga-Studio in Ost-Berlin, 1983, während der Produktion des Albums »Mont Klamott«, von links: Thomas Fritzsching, Tamara Danz, Tonmeister Helmar Federowski, Mathias Schramm © Ulrich Burchert

Generationen führen.«[33] Auch »Puppe Otto« und »Abendstunden« erhielten kein grünes Licht. Daraufhin boten Silly diese Songs und weiteres zensiertes Material Amiga an und stießen dort auf offene Ohren. Chefredakteur René Büttner, der Tamara Danz aus alten Oktoberklub-Zeiten kannte, ließ die ketzerischen Gesänge für die LP »Mont Klamott« produzieren und stellte sich fortan schützend vor die Band. Werner Karma attestierte Büttner ein stabiles »Rückgrat« und meinte: »Ohne ihn wäre wahrscheinlich unsere ganze Power ins Leere gelaufen.«[34]

Nur wenn riskante Themen, unkonventionelle Bilder oder Reizworte das Produkt akut gefährdeten, ordnete Büttner eine Änderung an. So musste der Text von »Die Gräfin« leicht geglättet werden. Werner Karma tauschte »zerschoss'nes« gegen »verschoss'nes« aus, tilgte den Kraftausdruck »Scheiße« und die Geschichte des »feinen Hutes«: »den hat sie noch gerettet vor den Russen«.[35] »Dicke Luft« strich René Büttner sogar komplett aus der Titelliste von »Mont Klamott«. Der Song spielt auf die Umweltsünden der DDR an und rührte damit an einem Tabu. Er beschreibt eine Stadt, die unter einer unerträglichen Luftverschmutzung ächzt. Wie ein »Trauerflor« verdunkelt sie das Firmament und macht den Tag zur Nacht. Unheil droht: »Manchmal träum ich, es wär 'ne Schlacht / zwischen uns und dem Himmel entfacht / Wir schießen hoch / und er zurück / Und noch weicht keiner / von beiden ein Stück.« Büttner ließ »Dicke Luft« zwar nicht auf dem Album, aber als Single veröffentlichen. Sein Instinkt hatte ihn nicht getäuscht: Der Titel wurde von den ostdeutschen Medien landesweit mit Sendeverbot belegt. Das hinderte die Band nicht daran, ihn regelmäßig in ihren Konzerten zu spielen.

Karmas Kunst

Ab »Mont Klamott« arbeiteten Silly exklusiv mit dem Lyriker Werner Karma (*1952) zusammen. Seine Texte wurden zum Markenzeichen der Band. Ihr moralischer und intellektueller Impetus faszinierte das Feuilleton im gleichen Maße wie die Fans. Karma besaß ein außerordentliches dichterisches Talent, seine bis ins Detail ausgefeilten Bilder waren sinnlich und prall, sie loteten tief, sprachen dem Zeitgeist aus der Seele. Man hörte sie als Chiffren des realsozialistischen Alltags. Karmas Verse zielten aufs Wesentliche, sie waren reine Poesie und doch Klartext.

In Tamara Danz fand Werner Karma die perfekte Interpretin seiner Wortkunst. Zwischen beiden herrschte »von Anfang an eine Vertrautheit, die schon ungewöhnlich war«.[36] Karma nannte die Partnerschaft »eine kreative Liaison, die sieben Jahre halten wird.« Der »Deal« ist einfach: »Man gibt alles, und man bekommt nicht weniger zurück.«[37] Tamara Danz wiederum hielt Werner Karma für »ein Genie«,[38] sie erkannte sich in seinen Gefühlen und seiner Haltung restlos wieder und erklärte: »Wenn ich's könnte, würde ich meine Texte genauso schreiben, also singe ich sie, als ob sie meine eigenen wären.«[39] Karma formulierte nie aus der Distanz, sondern in der ersten Person, spiegelte das Große im Kleinen. Die rückhaltlose Artikulation des Ich sahen beide, der Dichter und die Sängerin, als Bedingung, um andere erreichen zu können. Geradlinigkeit setze Kommunikation in Gang und führe im Idealfall zum »Pakt« mit den Fans, der Silly immer wichtig war.[40]

Werner Karma hatte Philosophie studiert und seine Feder in der Singeszene geschärft. 1976 schloss er sich dem Liedertheater Karls Enkel an, »typische Kinder einer Elterngeneration, die ein

Pressekonferenz zum Album »Mont Klamott«, 1983, von links: Werner Karma, Tamara Danz, René Büttner, Thomas Fritzsching © Ulrich Burchert

paar Jahre nach dem großen Krieg schon wieder zu versteinern begonnen hat, und an der man sich gut reiben und seine Hörner abstoßen kann«.[41] Ab 1980 arbeitete Karma als freischaffender Textdichter. Zu seinen frühen Klienten gehörten die Gaukler Rock Band, electra, Stern Meißen und City. Die Zensoren übersahen gern seine unbedingte DDR-Verbundenheit, schalten ihn »ruhmgierig, beratungsbedürftig«.[42] Mehrfach bekam er den Rotstift des Rundfunks zu spüren. Das Lektorat warf ihm eine Verzerrung der Realität »durch übersteigerten Subjektivismus« und die »Flucht ins Illusionäre als Kontrast zur Gegenwart« vor. Die unterschwellige »Haltung des Protests« sei »undialektisch und verabsolutierend«, sie konstruiere »schiefe Proportionen«.[43] Manche Texte wurden bis zu siebenmal vorgelegt, sie mussten immer wieder umgearbeitet werden, »eine entwürdigende Prozedur«.[44]

Natürlich konnten die Funktionäre genauso gut wie das Publikum zwischen den Zeilen lesen – weil sich der politische Einspruch jedoch stets lyrisch maskierte und von den Autoren nie offen eingestanden wurde, kreisten die Debatten um die Oberfläche. Man redete stur aneinander vorbei. »Die Angriffe auf unsere Texte«, so Werner Karma, hatten »oft auch etwas Hilfloses und Lächerliches«.[45] Sie erzeugten Reibung, kosteten Energie, nährten aber gleichzeitig den Eigensinn der Künstler und beflügelten ihre Kreativität. Unterm Strich lösten sie einen Bumerangeffekt aus. Das permanente Tauziehen besaß für Karma eine sportive Note: »Es hält mich wach. Und es verlangt meiner Fantasie ab, nach neuen Lösungen zu suchen. Es trainiert mich und verbessert meine Fitness. Außerdem hält es meine kleine, kommode Wut am Köcheln, die ich auf *die da oben* habe.«[46]

Die Lyrics von Werner Karma, der anfangs noch unter dem Pseudonym René Volkmann für Silly schrieb, zeichneten sich nicht nur durch ihre herausragende Güte aus, sondern hatten auch einen nachhaltigen Einfluss auf die Arbeitsweise und den Sound der Band. Während andere Kapellen den Poeten meistens um seinen Beitrag zu bereits fertigen Demos baten, ließen sich Silly von Karmas Worten inspirieren. Das hatte strukturelle Konsequenzen. Die Musik folgte seinem Flow – und nicht umgekehrt. Dadurch wurde sie speziell, unverwechselbar.

Mit »Mont Klamott« fand die Band zu einer höheren Form von Teamwork. Zwar fungierte Mathias Schramm nach wie vor als künstlerischer Motor und lieferte die entscheidenden Vorlagen, er war aber »kein ›Hauskomponist‹ mehr«, wie Silly-Chef Thomas Fritzsching der Presse erklärte. Die Songs seien »alle gemeinsam von der Band erarbeitet« worden.[47] Ende 1981 gab es einen wegweisenden Personalwechsel: Keyboarder Ritchie Barton (*1954) war fortan der alleinige Herr über die Tasten. Das moderne, packende Klangbild von »Mont Klamott« ging maßgeblich auf sein Konto. Barton brillierte als Instrumentalist und hatte zudem einen ausgesprochenen Hang zur neuesten Technik. Sie wurde für viel Geld auf dem Schwarzmarkt gekauft, so wie der polyphone Synthesizer Teisco SX-400, ein japanisches Fabrikat, das die Platte von A bis Z prägte. Sein Faible für Hightech und Innovation teilte Ritchie Barton mit Tonmeister Helmar Federowski, den Amiga der Band zur Seite stellte. Einen besseren Produzenten konnte man in der ganzen DDR nicht finden.

Es war jene Bündelung von Talenten, aus der »Mont Klamott« seine Kraft bezog. Bis heute besticht das Album durch seine schlüssige Dramaturgie und den nuancierten Sound. An vielen Stellen wirkt die LP »fett« und opulent, dann wieder reduziert, schlank. Der Raumklang ist transparent, die Stereo-Effekte werden dezent platziert. Gelegentlich sind Geräuschpartikel eingestreut, untergründiges Geraune schleicht durch die Kanäle. Kaum hörbar wird die A-Seite mit »eins, zwo, drei« eingezählt, ein altmodisches Ritual, das den elektronischen Sound konterkariert und uns auf eine Welt der Gegensätze einstimmt. Die Musiker spielen präzise und auf einem hohen Energielevel, sie reißen uns mit. Tamara Danz zieht sämtliche Register, blüht als Sängerin auf. Selbst dort, wo die Songs eine mächtige Power entfalten, gleiten sie nie in Manierismen ab, sondern bannen mit fantasiereichen Arrangements. Die Platte spiegelt ein enormes Können und Wissen. Wer will, mag Parallelen zu Pink Floyds »Welcome to the Machine«, den divenhaften Arien von Nina Hagen, der trockenen Nonchalance der Westberliner NDW-Pioniere Ideal oder zum Einsatz des Drumcomputers bei Phil Collins' »In the Air Tonight« entdecken. Das ist eine völlig andere Kategorie als der herkömmliche, verkunstete Einheitsbrei, den Tamara Danz spöttisch »DDR-Bockwurscht-Rock« nannte.[48]

»Mont Klamott« ist eine Platte über das Leben, sie zeigt den Alltag in verschiedenen Perspektiven und Dimensionen. Der Titelsong, der das Album eröffnet, holt die Geschichte in die Gegenwart. Er erinnert uns daran, wie schnell wir doch vergessen. Zwei Frauen sitzen auf einer Bank am »Mont Klamott«, jener »grünen Beule« im Ostberliner Stadtbezirk Friedrichshain, die aus den Trümmern des Zweiten Weltkriegs erstand. Die jüngere hängt dort gern »zum Weekend die Lungen in den Wind / bis ihre schlappen Flügel so richtig durchgelüftet sind«. Für die ältere, die »Deutschlands Himmelfahrt« miterlebt hat, ist es ein Ort der Demut. Sie weiß: »Die Mütter dieser Stadt hab'n den Berg zusamm'gekarrt«. Wir hören das monotone Hämmern der Synthesizer und sehen Bombengeschwader am Himmel. Tamara Danz erstarrt im Sprechgesang, sie klingt mechanisch, fast wie ein Roboter. Erst der Refrain entfaltet eine strahlende, hymnische Melodie. Männerstimmen mischen sich in einen Chor, der zum »Dach von Berlin« emporsteigt, wo »die Wiesen so grün« sind. Über uns leuchtet das blaue Firmament.

Der nächste Song, »Heiße Würstchen«, ist ein voller Kontrast. Er spricht unverhohlen von Wollust und sexueller Emanzipation. Die Band startet mit ganzer Wucht durch, zieht das Tempo an, der Bass pumpt. Tamara Danz kehrt ihre exaltierte Seite nach außen, sie hebt zur New-Wave-Operette ab, verliert sich in Koloraturen. Den fleischlichen Trieb zu stillen, ist ein Spiel mit dem Feuer. »Jeder Mensch braucht was Warmes / denk ich bei mir / Und verbrenn mir die Finger«. Doch das ist »total egal«. Keine Frage: Diese Frau hat selbst im Moment des Rausches die Hosen an, sie nimmt sich, was sie braucht.

Das trifft auch für die Figur des folgenden Liedes zu. »Die wilde Mathilde« ist ein echtes »Vollweib«, mit allen Wassern gewaschen, »dreißig Männer alt« und dennoch »kein bisschen kalt«. Man legt sich besser nicht mit ihr an, sondern akzeptiert ihre Spielregeln. Sie ist begehrt, aber auch gefürchtet, »oberbauernschlau« und unsentimental. »Gehörst du zu ihrer Gilde / dann bild dir was drauf ein«. Der Song ist eine stampfende Rocknummer konventionellen Zuschnitts, er animiert zum Tanzen. Tamara Danz singt kohärenter als sonst, sie lässt alle Schnörkel weg und reizt die obere Grenze des Stimmumfangs aus. Ihre Leidenschaft reckt stolz das Kinn. »Die wilde Mathilde« avancierte zu einem veritablen

Beim Dreh des Videos zu »Die wilde Mathilde«, 1983 © Herbert Schulze

Silly-Hit und wurde von den Fans als Signatur der Sängerin verstanden, so wollte man sie sehen.

Dabei kam ein Lied wie »Raus aus der Spur« ihrer wahren Identität vermutlich viel näher. Tamara Danz schaut in den Spiegel und verflucht den Selbstbetrug, die »falschen Freunde« und schlauen »Sprüche«. Sie hadert mit sich: »Warum häng ich am Kompromiss / und hab vor meiner Meinung so'n Schiss?« Mit jeder neuen Lebenslüge wird »die Karre«, die sie hinter sich herzieht, schwerer. Das Bild ist uns vertraut, wir ahnen die Resignation. Doch dann gewinnt ihre Stimme an Stärke, sie wird offensiver. Die Frage, die der Refrain in den Raum stellt, weiß bereits die Antwort: »Wie denn nur, wie denn nur / raus aus der Spur?«

Der Song buchstabiert das, was Werner Karma sein Credo nennt und damals als Motto der Band gelten mag: Sie möchten »den zweifelnden, renitenten

Geist« zum Klingen bringen.[49] Das Schlagzeug peitscht, bis sich zum Schluss die Instrumente in einem hektischen Ska-Rhythmus überschlagen. Unter uns schwankt der Boden. Tamara Danz singt gehetzt, sie schnappt manisch nach Luft, scheint den Verstand zu verlieren. Wir aber glauben an ihre Kraft.

Die DDR-Medien deuteten »Mont Klamott« als Konzeptalbum, als ein Statement zu Leben und Tod in den Zeiten atomarer Bedrohung. Tatsächlich kann man diesen Gedanken in einigen Songs entdecken. »Unter'm Asphalt« wurde bei großen, offiziellen Konzerten von Kriegsbildern auf Bühnenleinwänden unterlegt. Die Sängerin steigt wie ein Gespenst ins Reich der Toten hinab und mahnt die Lebenden. »Ich trau meinen Augen und nehm euch beim Wort / und wehre mich, eh mir die Hand verdorrt.«

Auch »Puppe Otto« wurde gern in ein tendenziöses Licht gerückt. Tamara Danz und eine lächerliche, per Talkbox verfremdete Männerstimme gehen uns unisono auf die Nerven. Sie haben den Blick für die Realität verloren, hängen an einer kurzen Leine und denken trotzdem, dass sie die Fäden ziehen. »Ich hab an Kopf und Händen / und Füßen Schnüre dran / Damit die ganze Erde / sich nach mir richten kann.« Die restliche Band fällt in den Irrsinn mit ein, betont das Wort »ich« im Chor. Ein Heer von Marionetten marschiert auf, ihr Gleichschritt lässt uns frösteln. Für die ostdeutsche Propaganda war das kein universales Thema, das man auch im eigenen Land verorten konnte, sondern ein Symbol der Kriegstreiberei des Westens. Sie nannte die »Puppe Otto« in einem Atemzug mit US-Präsident Ronald Reagan und allen kapitalistischen »Ausbeutern«.[50]

Die größte mediale Aufmerksamkeit erntete jenes Stück, mit dem die A-Seite von »Mont Klamott« endet, gewissermaßen das dramaturgische Zentrum der Platte: »Ein Lied für die Menschen«. Der Song beginnt ungewöhnlich, mit einem getragenen Mundharmonika-Solo von DDR-Bluesstar Bernd Kleinow. Wer hätte ihn, den Helden des Szene-Undergrounds der Tramper, in diesem Kontext erwartet? Wir hören die von ihm intonierte, pastorale Melodie als Antithese zu »Spiel mir das Lied vom Tod« – ein »Spiel mir das Lied vom Leben« in lieblichem Dur. Die Mundharmonika, die vielen aufgrund ihrer Nähe zur menschlichen Stimme als besonders »authentisches« Instrument gilt, bricht den elektronischen Klangraum des Albums und lädt für einen Augenblick zum Innehalten ein. Sie formuliert das Motiv des fast sakralen Refrains, unsere Sehnsucht nach Frieden.

In den Strophen fächert Werner Karma die Überschrift des Songs einfach auf, er reiht die Adressaten wie ein Mantra aneinander. Arm und Reich, Gut und Böse, das Heute und das Morgen. Es ist ein eindringlicher und doch unpathetischer Appell: Im Antlitz des Krieges sind wir alle gleich. Anstelle eines straighten Rhythmus spielt das Schlagzeug vertrackte, beschwörend anmutende Patterns. Beim Wort »Träume« setzt erneut Bernd Kleinows Blues Harp ein, nun mit mehr Nachdruck, leidenschaftlicher. In der Wiederholung erklärt Werner Karma, wie diese »Träume« sein sollten, nämlich »weit und frei«, grenzenlos. Wer sensible Ohren besaß, spürte den kleinen, aber entscheidenden Widerhaken.

»Ein Lied für die Menschen« überragte die Masse der Friedensbekenntnisse des DDR-Rock jener Jahre, die »auf Konfrontation aus sind« und »den Groove des Kalten Krieges verinnerlicht haben«.[51] Der Song vermied den Kniefall vor der Propaganda, hatte eine klare, pazifistisch gefärbte Botschaft und war doch reich an Assoziationen. Er sollte auch heute noch jeden Tag im Radio laufen.

Ein Lied für die Menschen

Ein Lied für die Menschen, für dich und für mich
Ein Lied für die vielen, die glauben an sich
Ein Lied für die, die nach uns kommen soll'n
Ein Lied für alle, die leben woll'n
Ein Lied für die Hoffnung der schwangeren Frau'n
Ein Lied für die Kinder, die uns vertrau'n
Ein Lied für alle, die wehrlos sind
Ein Lied für die weißen Tauben im Wind

Leben, nur einfach leben
Wer leben will, steh uns bei
Leben, in Frieden leben
Für alle Träume weit und frei

Ein Lied für alljene, die schlummern so brav
Ein Lied, das sie stört in ihrem Schlaf
Ein Lied für die blinden, sorglosen Narr'n
Ein Lied für alle, die schweigend verharr'n
Ein Lied für die Knechte des Geldes, der Macht
Ein Lied für den Zweifel, der Herzen entfacht
Ein Lied für den Aufruhr, dass er nicht ruht
Ein Lied für das viele vergossene Blut

Ein Lied für die neue, friedvolle Welt
Ein Lied für die Arbeit, die uns erhält
Ein Lied für die Sehnsucht, die in uns schlägt
Ein Lied für die Erde, dass sie uns erträgt
Ein Lied für die Menschen, für dich und für mich
Ein Lied für die vielen, die glauben an sich
Ein Lied für die, die nach uns kommen soll'n
Ein Lied für alle, die leben woll'n

Leben, nur einfach leben...

Text: Werner Karma

Silly, 1984, von links: Thomas Fritzsching, Ritchie Barton, Tamara Danz, Mathias Schramm, Herbert Junck © Ute Mahler

Wie schon das Vorgänger-Album »Tanzt keiner Boogie?« schließt »Mont Klamott« mit einem Moment der Einkehr. »Abendstunden« öffnet das Tor zur Nacht, wo die Gedanken allen Ballast abwerfen und sich nach innen richten. Das metrisch verschobene Ticken einer Drum Machine gemahnt an ein pochendes Herz, das nur langsam zur Ruhe kommt, warme Synthesizer-Bässe hüllen uns ein. Tamara Danz steht am Fenster und schaut ins Dunkel, ihre Stimme malt weite, sehnsuchtsvolle Bögen, bis sie der Sturz »in den Abgrund« zur Verzweiflung treibt. Es sind die gleichen Ängste wie in »Menschenland«, dem letzten Lied auf »Tanzt keiner Boogie?«, die Furcht, sich »im Alleinsein« zu verlieren. Der Song verhallt mit Pianoläufen und sphärischen Keyboards, die wie ein gewaltiges Flugobjekt abheben. Silly entlassen uns nachdenklich ins eigene Leben.

»Mont Klamott« löste ein äußerst positives und doch ambivalentes Medienecho aus. Etliche der insgesamt neun Songs wurden einfach ignoriert. Der Intendant des Senders »Stimme der DDR« gratulierte der Band: »Mit dieser Langspielplatte haben Sie ein echtes Zeitdokument geschaffen und der Rockmusik unseres Landes bleibende Impulse vermittelt.«[52] Trotzdem nahm der Rundfunk nur drei Tracks in die Hitparaden und strahlte sie zur Primetime aus: den Titelsong, »Ein Lied für die Menschen« und »Die wilde Mathilde«. Der Rest schien zu sperrig oder suspekt und verschwand in die Nischen der Specials und Spätprogramme. Das Fernsehen war noch wählerischer. Es produzierte zwar ein Video zu »Die wilde Mathilde«, setzte aber »Mont Klamott« auf den Index. Die leitenden Redakteure stießen sich am Begriff »Deutschland«, weil er den Unterschied von Ost und West verwische. Paradoxerweise wurde genau dieses Stück vom Kulturministerium für das »13. Internationale Schlagerfestival« 1984 in Dresden nominiert, wo es den »Preis des Autorenwettbewerbs« gewann.

Wenig Gegenliebe fand der gestalterische Entwurf der LP, die ursprünglich »Puppe Otto« heißen sollte. Ritchie Barton erinnerte sich: »Bernd Scheubert, unser damaliger Grafiker, hatte irgendeinen für damalige Zeiten sehr wilden Punk aufgerissen und fotografierte den so, als würde er an irgendwelchen Schnüren hängen. Das Ganze schnitt Scheubert aus und stellte es vor einen künstlichen Hintergrund, Kacheln oder irgend so etwas. Das war so ein bisschen ausgehende Neue Deutsche Welle. Das war ein affengeiles Cover!«[53] Die Zensur sah das anders und lehnte auch die Alternativvorschläge ab. Nach langem Hin und Her erschien das Album schließlich mit einer weißen Hülle, die nur das ikonische Silly-Logo zierte.

Hindernissen dieser Art zum Trotz, startete »Mont Klamott« eine Erfolgsserie, die erst nach dem Mauerfall an Schwung einbüßte. Sillys Platten verkauften sich in der DDR hervorragend, insgesamt fast eine Million Mal, jede einzelne wurde in ostdeutschen Kritikerpolls zur »LP des Jahres« gekürt. Die Band lief oft im Radio und avancierte zum Liebling des Feuilletons. Frontfrau Tamara Danz wurde von der Presse als »Rocklady« bejubelt, Fachleute und Fans wählten sie immer wieder zur »Sängerin des Jahres«. Stück für Stück schlossen sie und ihre Band zum Kreis der Arrivierten auf. Man sah sie nicht nur in den Kulturhäusern der Provinz, sondern zunehmend auch bei den großen politischen Shows. Silly drehten zum XI. Parlament der FDJ und bei »Soli-Beat« ihre Verstärker auf und wurden als Kulturprogramm zu den Baustellen der sowjetischen »Druschba-Trasse« geschickt. 1987 erhielten sie den Kunstpreis der DDR. Von 1982 bis 1986 zählte die Band zum Stammpersonal des jährlichen Festivals »Rock für den Frieden« im Palast der Republik. Sie trat gegen den Wahnsinn der atomaren Hochrüstung auf und wurde gern in den Zeitungen zitiert.

Am 1. September 1986 trifft Tamara Danz Partei- und Staatschef Erich Honecker. Günther Drefahl, Präsident des Friedensrates der DDR, hatte sie persönlich eingeladen, Teil einer Delegation zu sein. Man möchte medienwirksam über Aktivitäten im gerade laufenden »Internationalen Jahr des Friedens«, ausgerufen von der UNO, berichten. Die Abordnung ist hochkarätig besetzt – neben Politikern gehören

Ost-Berlin, 1. September 1986: Empfang im Gebäude des Staatsrates, Tamara Danz und Erich Honecker © eastblockworld, Bundesstiftung Aufarbeitung

ihr Wissenschaftler, Sportler und Künstler an. Erich Honecker tritt auf die etwas aus dem Rahmen fallende Sängerin zu, schüttelt ihr die Hand und verwickelt sie in ein paar Sekunden Small Talk. Es ist eine surreale Begegnung, von der Tamara Danz nie erfahren wird, wer sie eigentlich eingefädelt hat. Ein Schnappschuss fängt den historischen Moment ein: Der erste Mann des Staates lächelt entspannt und nahbar, während die wild toupierte Chanteuse einigermaßen konsterniert wirkt. Sie neigt den Kopf zur Seite, verzieht den Mund und nestelt nervös am Revers. Man spürt, dass sie sich in ihrer Haut nicht wohlfühlt.

Kritiker werfen Silly bis heute Anpassung und Systemnähe vor. Doch trifft das wirklich zu? Jeder Rockmusiker, egal wo und unter welchen gesellschaftlichen Bedingungen er lebt, steigt auf die Bühne oder geht in ein Studio, um ein möglichst großes Publikum zu generieren. Alle wollen gehört werden. Vor dem Erfolg steht eine Grundsatzentscheidung: Lasse ich mich auf die Verhältnisse ein oder entziehe ich mich ihnen? Begebe ich mich in den Kreislauf der Medien und Industrie oder suche ich meine Nische im Underground? Beuge ich mich dem Diktat von Geld und Politik oder folge ich meinen eigenen Spielregeln? Welchen Preis bin ich bereit, zu zahlen? Die meisten Musiker in der DDR entschieden sich für ein Arrangement mit der Macht. Wie weit sie dabei gingen, war unterschiedlich. Silly traten den Weg durch die Institutionen an und ließen sich trotzdem nicht vereinnahmen. Sie blieben wach, unangepasst und clever, meisterten den Spagat und fanden etliche Verbündete im Apparat.

Anders als es die Propaganda und die unumstößliche Existenz der Mauer suggerierten, war der Osten kein hermetisch abgeriegeltes und »durchherrschtes« System. Es gab Schutzzonen, Freiräume, subtile Möglichkeiten der Selbstverwirklichung. Das Prinzip der autoritären Machtausübung funktionierte keineswegs total. Es wurde vom »menschlichen Faktor« gedrosselt, von Empathie wie niederen Instinkten. Ein Parteifunktionär war nicht zwangsläufig ein ideologiegesteuerter, blinder Kontrahent der freien Kunst oder gar ein Despot, sondern oftmals ein auf den eigenen Vorteil bedachter Opportunist, der seinen Mantel nach dem politischen Wind hing und hinter dem Schein der Linientreue verborgene Sympathien hegte. Manchmal war er sogar ein Fan, der sich als solcher nicht outete. Diese Grautöne und Widersprüche wussten Silly zu nutzen.

Weil sie den Sozialismus für das bessere Modell hielten, wählten sie das kritische Involvement statt des radikalen Entzugs. Die Band unterstützte die staatliche Friedensbewegung, mischte sich in offizielle Diskussionen über Funktion und Entwicklungsprobleme des DDR-Rock ein und stritt in der Endphase des Landes für politische Reformen. Auch nach 1989 hielt sie an ihren Maximen fest.

In den Wirren der »Wende« war es vor allem Tamara Danz, die als »Stimme des Ostens« wahrgenommen wurde, weil sie sich für Gerechtigkeit und das Bewahren schutzwürdiger Werte einsetzte. Sie richtete sich in Talkshows und Interviews, aber auch mit neuen Songs gegen das Plattwalzen der DDR-Erfahrungen, gegen die pauschale Diskreditierung ihres Landes und den Lärm der Sieger, forderte Vernunft und Augenmaß. Schon kurz nach dem Mauerfall, mitten in der Hochphase der politischen Abrechnung mit dem »Honecker-Regime«, schätzte sie bezüglich ihres Metiers ein: »Es lief wesentlich pluralistischer, als man das im Nachhinein darstellt. Heute wird alles über einen Kamm geschert, es wäre alles Scheiße gewesen.«[54]

Skeptiker kreideten nach 1989 Tamara Danz und ihren Bandkollegen eine durch Privilegien getrübte Sicht auf das System an. Tatsächlich verfügten die Musiker über einen weiteren Erfahrungshorizont als der Durchschnittsbürger. Sie, die ihren Platz in der DDR sahen, hatten ab Mitte der 1980er Jahre, als sie schließlich reisen durften, den Westen kennengelernt und dort andere Formen von Macht und Zensur erlebt. Dieses Wissen relativierte den Blick auf das eigene Land. Auch konnten sie ihr Selbst auf eine viel intensivere Weise verwirklichen, als es den meisten möglich war. Geschützt durch eine enorme Popularität, mussten sie ihre Individualität nicht im Privaten verbergen, sondern stellten sie in aller Öffentlichkeit aus. Silly hatten sich vom Egalitätsdruck der DDR befreit.

Die moralischen Zweifler maßen die Band einseitig an ihrer Oberfläche, am Ruhm und dem Beifall der Medien, und übersahen dabei die Kämpfe hinter den Kulissen. Die Konflikte mit dem Staat waren allgegenwärtig, nahmen in der zweiten Hälfte der 1980er Jahre jedoch eine neue Qualität an. Rigoroser als zuvor, entzogen sich die Musiker der Umklammerung des Apparats. Sie waren wirtschaftlich längst unabhängig und wurden vom Westen gefeiert. Stück für Stück wuchs ihre Autonomie, bald galten sie intern als »nicht mehr lenkbar«.[55] 1987 weigerten sich Silly, bei der Prestige-Veranstaltung »Rock für den Frieden« aufzutreten, weil sie das Gefühl hatten, instrumentalisiert zu werden. Tamara Danz scheute sich nicht, in Konzerten von der Bühne herab die Stasi zu verhöhnen, mit den Medien abzurechnen und Reisefreiheit zu fordern. All das wurde minutiös registriert.

Der Autor Christoph Dieckmann, als sensibler Chronist jeglicher Einäugigkeit unverdächtig, erinnert ans Wesentliche, wenn es die komplizierte Verquickung von Anpassung und Widerstand zu beurteilen gilt: »Ja, Tamara Danz hat Honecker Pfötchen gegeben.« – »Geschenkt. Was zählte, waren die Songs.«[56]

Zensiertes Cover, Amiga ℗1984, Foto: Ute Mahler

Liebeswalzer

Ein Pakt mit den Fans

Silly haben immer wieder betont, dass sie sich mit ihren Fans durch einen symbiotischen »Pakt« verbunden fühlen. Tamara Danz erklärte: »Die Übereinstimmung zwischen uns hat uns schließlich zu dem gemacht, was wir sind, und wir haben in gewisser Weise ihren Schutz. Dies wiederum verpflichtet uns geradezu, uns für ihre Interessen und Probleme einzusetzen.«[57] Die Band faszinierte ihre Anhänger mit einer für DDR-Verhältnisse äußerst seltenen Synthese – sie klang weltläufig, verströmte die Aura des Westens, und blieb doch tief im Osten verwurzelt. Ihre Songs verkörperten das, wofür es sich zu kämpfen lohnt: die Wahrheit.

Anfang 1982 wurde der erste Silly-Fanclub von einem 14-jährigen Teenager, der die Gruppe aus Vormittagsveranstaltungen kannte, in Ost-Berlin gegründet. Er schrieb Tamara Danz einen Brief und unterbreitete ihr seine Idee. Wenig später traf man sich in der Seelower Straße, in der Einraumwohnung der Sängerin. Der Rundfunk unterstützte die Initiative und gab die Adresse des jungen Vereinschefs durch, der bald mehr als 40 Gleichgesinnte aus der ganzen Republik um sich scharte. Man war den Musikern bei der Verschickung von Autogrammen behilflich, mobilisierte Stimmen für die DDR-Hitparaden und stand bei den Konzerten in vorderster Reihe. Nach »Mont Klamott« bildeten sich weitere, parallel agierende Fanclubs.

Den großen Radius und die enorme gemeinschaftsstiftende Wirkung der Band bestätigten Untersuchungen, die am Forschungszentrum Populäre Musik der Humboldt-Universität durchgeführt wurden. Sie stützten sich auf die rund 13.000 Briefe, die nach der Veröffentlichung der 1983er LP »Mont Klamott« binnen eines Jahres beim Silly-Management eingegangen waren. Fast alle baten um ein Autogramm, einen Sticker, Badges oder ein Poster. Die detaillierte Analyse einer exemplarischen Teilstichprobe – 740 Briefe vom Mai 1984 – ergab, dass 43 Prozent der Post aber auch klare Werturteile über Musik, Text und Image fällten oder sogar den Dialog mit den Künstlern suchten. Viele Absender waren gerade erst der Kindheit entwachsen und nun auf der Suche nach Lebenssinn und Identität. Sie ließen keinen Zweifel an der hohen Relevanz, die Silly für die schwierige Selbstfindung besaßen. »Ihr seid die Einzigen in der DDR, die man ernst nehmen darf«, war etwa zu lesen.[58] »Eure Lieder haben wenigstens noch Sinn, das ist nicht so ein Schleim«.[59]

Ein 17-Jähriger schrieb an Tamara Danz, um »Trost zu suchen«. Er litt unter der Tristesse und Enge der ostdeutschen Provinz. »Ich glaube, Tamara, Du würdest es hier auch nicht aushalten«. Die bleierne Monotonie laste genauso auf seiner Seele wie der scheele Blick des Spießers, dem schon eine

Ost-Berlin, Seelower Straße, 1982: Tamara Danz und Mike Schafmeier © Ulrich Burchert

»blondierte Haarsträhne« gegen den Strich geht. »Aus dieser Kälte flüchte ich mich durch Eure einmalig gute Musik. Ich setze die Kopfhörer auf, ziehe die Lautstärke bis zum Maximum an, und dann schalte ich ab«.[60] Zahlreiche Fans berichteten über den eigenen Alltag, »ihre Beziehungen zur Umwelt, die Arbeit, Freunde, über Konflikte«, und hofften auf ein beistehendes Wort.[61] Sie sahen beides in der Band: Stars und Komplizen.

Kampf um den Reisepass

Sillys Streben nach Wahrhaftigkeit und Autarkie darf nicht über ihre kommerziellen Ambitionen hinwegtäuschen. Die Musiker suchten den Erfolg, wollten Geld verdienen, im Rampenlicht stehen und sich natürlich auch mit dem Westen messen. Doch der Eiserne Vorhang war nicht so leicht zu durchqueren. Nur wenigen DDR-Bands wurde dieses Privileg gewährt. Ob ein Künstler ins »kapitalistische Ausland« reisen durfte, hing nicht unerheblich von seinem dortigen Marktwert ab, denn der ostdeutsche Staat kassierte den Löwenanteil der Gagen in begehrter harter Währung. Oberste Priorität besaß allerdings die »politische Zuverlässigkeit« des Kandidaten.[62] Weil diese in einem Land, in der die »private« Meinung gern hinter einer »öffentlichen« versteckt wurde, nur schwer zu messen war, regierte Willkür. Oft wusste die rechte Hand nicht, was die linke tat, lagen die Institutionen im Streit. Das letzte Wort hatte die Stasi, sie fällte es hinter verschlossenen Türen.

Silly besuchten den Westen zum erstenmal im Herbst 1979. Sie traten einen Monat lang als Coverband im südnorwegischen Kristiansand auf, in der Diskothek des Hotels Caledonien, sechs Tage die Woche à viereinhalb Stunden, annonciert als »Show- und Tanzorchester«. 1980 folgte ein erneutes Engagement in Skandinavien. Die »Silly Family«, wie sie von der Lokalpresse genannt wurde, spielte den ganzen November in Lillehammer, diesmal aber unter erschwerten Bedingungen. Thomas Fritzsching und seine Kollegen mussten sich die Gesangsparts teilen, denn Tamara Danz durfte nicht mehr reisen. Ihr Visum wurde acht Tage vor der Abfahrt ohne Begründung zurückgezogen. Die Band sträubte sich gegen die Launen der Macht und wollte das Gastspiel absagen, wurde von der Künstleragentur der DDR jedoch auf vertragliche Konsequenzen hingewiesen. Den norwegischen Partnern teilte man einfach mit, dass die Sängerin aufgrund eines akuten Krankenhausaufenthalts verhindert sei. Die Tour stand unter keinem guten Stern und endete im Debakel: Der Techniker der Band setzte sich in den Westen ab, wurde »republikflüchtig«. Den Silly-Musikern drohte Sippenhaft. Tatsächlich blieb für sie die Mauer während der nächsten fünf Jahre geschlossen. In dieser Zeit lieferten sie sich ein permanentes Tauziehen mit den Behörden, das als Lehrstück für Zwietracht und Arglist gelten kann.

Am 29. April 1981 verfassten Silly einen sechsseitigen Brief. Er resümierte die bisherige Karriere, bekundete politische Loyalität und fragte schließlich nach den Ursachen der plötzlichen Reisesperre. Inzwischen läge der Künstleragentur das vierte Angebot einer BRD-Tournee vor, aber die Band werde systematisch vertröstet. Sie blicke nur in nickende Gesichter. »Ständig wird uns nun von allen Seiten Vertrauen ausgesprochen, ständig wird betont, dass eine Klärung herbeigeführt werden müsse, ständig werden wir von Woche zu Woche und nun schon von Monat zu Monat im Unklaren gelassen. So kann man nicht arbeiten.«[63] Das Schreiben wurde an Kurt Hager adressiert, Leiter der Kulturkommission beim Politbüro des ZK der SED und einer der mächtigsten Männer der DDR.

Hager reichte das Schriftstück an die ZK-Abteilung Kultur weiter und bat um Klärung. Nun trat der Fall eine Odyssee über die Schreibtische des Parteiapparats und der Kulturverwaltung an, niemand fühlte sich zuständig. Nachdem fast anderthalb Jahre verstrichen waren, meldete sich die Band erneut bei Kurt Hager. Um den Dingen Nachdruck zu verleihen, deklarierte sie ihre Zeilen diesmal als »Eingabe«. Die »weitere Existenz unserer Gruppe« stünde auf dem Spiel, die Beschneidung der Möglichkeiten und das alternativlose Pendeln »zwischen Rostock und Suhl« führe unweigerlich »zu einem künstlerischen und schöpferischen Tod«.[64] Der Notruf verhallte ohne das erhoffte Echo. Man blieb den Musikern die wahren Gründe oder gar eine Klärung der Angelegenheit schuldig und versuchte, sie mit höheren Konzertgagen und stärkerer Medienpräsenz zu beschwichtigen. Nach zweijähriger Hinhalterei wies Kurt Hager seine ZK-Kollegen an: »Mit F. [Fritzsching, Bandleader] sprechen, dass *ich* nichts machen kann, da ich die Zusammenhänge nicht kenne. Die Gruppe soll *hier* und in den sozialistischen Ländern aktiv sein.«[65]

Das schizophrene Hin und Her warf ein bezeichnendes Licht auf die »unbeschreibliche Inkompetenz«[66] und die hartnäckigen Grabenkämpfe, an denen die Administration krankte. Die »Reisefähigkeit« von Profibands wurde durch die Instanzen widersprüchlich bewertet und blieb ein internes Dauerthema. »Wir stehen im Bereich der Rockmusik tatsächlich vor einem ernsten Problem«, gab das ZK der SED 1984 zu Protokoll. Einerseits steige »mit dem wachsenden Niveau der DDR-Rockmusikgruppen das internationale Interesse an ihrer Arbeit«, andererseits dürften aber nur sechs Kapellen in den Westen fahren. »Vertreter von Rockgruppen sehen darin ein gestörtes Vertrauensverhältnis, da die Ablehnung zumeist ohne Angabe von Gründen erfolgt. Dadurch ist die politische Arbeit mit einigen Gruppen erheblich belastet.«[67] Diese Einschätzung war einem Brief beigefügt, den Kurt Hager an Stasi-Chef Erich Mielke schickte. Hager kritisierte »die unterschiedliche Behandlung der wirklich qualifizierten Rockgruppen« und forderte: »Wir müssen in dieser Frage meines Erachtens großzügiger sein, auch wenn es geschehen sollte, dass der eine oder andere die Möglichkeit zur Republikflucht nutzt.«[68]

Tatsächlich lagen die Fäden nicht in den Händen der Partei, sondern wurden vom Geheimdienst gezogen. An seinen Filtermechanismen, die ein schematisches Freund-Feind-Denken dirigierte, scheiterten auch Silly. Das MfS richtete sein Visier vor allem auf Tamara Danz und sperrte sie »aus Sicherheitsgründen« für den Westen.[69] Die Stasi behauptete, dass die Sängerin »politisch-ideologisch labil bis negativ ist und progressive Gedanken nur aus Vorteilsstreben äußert, z. B. bei der Veranstaltung ›Rock für den Frieden‹. Übereinstimmend schätzen mehrere Quellen ein, dass sie eine politisch positive Haltung gegenüber der DDR heuchelt.«[70] Es sei deshalb zu erwarten, »dass die Danz die DDR im nichtsozialistischen Ausland nicht würdig vertritt«.[71] Außerdem unterstellte man ihr Fluchtabsichten. Das MfS berief sich auf IM-Berichte, die an der Silly-Frontfrau kein gutes Haar ließen und sie schamlos denunzierten. Blanke Missgunst wurde zu Fakten verdreht.

Tamara Danz ahnte, wer wirklich die Weichen stellte, und sprach am 29. April 1981 unangemeldet im Ministerium für Staatssicherheit vor. Sie

Tamara Danz, 1986 © Werner Mahler

wurde vom Silly-Manager Tibor Nagy und Thomas Fritzsching, der ebenfalls auf der schwarzen Liste stand, begleitet. Zwei Offiziere hörten ihr freundlich zu, wiesen aber letztlich jegliche Befugnis von sich. Wie sehr sie im Fadenkreuz stand, verriet man der Sängerin nicht. Auf oberster Ebene war vor wenigen Wochen angeregt worden, »die vorhandenen belastenden Hinweise zu der Danz zu prüfen, um eine endgültige Klärung herbeizuführen, damit sie eventuell aus dieser Gruppe herausgelöst werden kann«[72] Nach dem Besuch in der Stasi-Zentrale schickten Silly ihren ersten Brief an Kurt Hager ab.

Ende 1984 kam erneut Bewegung in den Streitfall. Gisela Steineckert, die Tamara Danz seit den gemeinsamen Tagen im Oktoberklub kannte und als Präsidentin des Komitees für Unterhaltungskunst einen kurzen Draht zum inneren Zirkel der Nomenklatura besaß, sendete ein SOS an die SED-Spitze.

»Mein sehr verehrter Genosse Professor Hager, lieber Kurt!«, stand über den vertraulichen Zeilen. Sie richte sich mit einem Problem an den Staatsmann, das sie »sehr bedrückt«. Seit geraumer Zeit versuche das Komitee, Förderpartner von Silly, »einen Auftritt im westlichen Ausland zu ermöglichen. Da die Platten dieser Gruppe in der BRD reichlich verkauft werden und ein Generationswechsel unserer repräsentanten [sic] Gruppen ansteht, liegt der Gedanke an diese Gruppe nahe. Die Anträge wurden immer abgelehnt, mit Verweis auf Informationen, die eine Genehmigung unmöglich machen.« Nun war sie diesen »Informationen« nachgegangen und stellte »zu meinem Schrecken fest, dass sie alle auf Lügen beruhen«.

Gisela Steineckert sprach von »inneren Machtkämpfen« und warf »unseren lebensnotwendigen Genossen von der Sicherheit« vor, dass sie »Intrigen als Tatsachen nehmen«. Weiter hieß es: »Was mich entsetzt, ist die Erkenntnis, dass unsere Genossen von der Sicherheit offenkundig Informationen, die vermutlich aus den eigenen Reihen [Ergänzung per Hand: Rockmusikerreihen sind gemeint] kommen, ungeprüft in den Computer füttern. Wir ahnen, dass es sich um Konkurrenzkampf handelt«.[73] Das dreiseitige Schreiben zeigte Wirkung. Die Stasi leitete eine nochmalige »Reisekaderüberprüfung« ein und legte Gisela Steineckerts Urteil, dass sich Tamara Danz »stets als bewusste DDR-Bürgerin verhalten hat«, in die Waagschale.[74] Sollte Steineckert für die Sängerin bürgen, würde der Geheimdienst »das Risiko einer Ausnahmereise mittragen. Eine Bestätigung als ständiger Reisekader kann jedoch nicht erfolgen.«[75]

Tamara Danz, die inzwischen alle Hoffnungen verloren hatte, stellte zur gleichen Zeit einen »Ausreiseantrag«, das heißt, sie forderte die Entlassung aus der DDR-Staatsbürgerschaft. Es war der letzte Strohhalm. Mit klugen und bewegten Worten schilderte sie ihre Motive. Kunst lebe »ja bekanntlich von der Öffentlichkeit, der Eroberung immer neuer Wirkungsfelder und der ständigen unmittelbaren Messbarkeit am Publikum und der Leistung anderer. Dies ist die entscheidende Triebkraft für Qualität und Kreativität, und ohne sie wird man kraftlos und vertut sein Leben in stumpfer Mittelmäßigkeit.« Den durch nichts gerechtfertigten »Vertrauensentzug« und das Messen mit zweierlei Maß empfinde sie als tiefe Beleidigung. Sie sei »nie dem Weg des geringsten Widerstandes gewichen«, sondern »möchte alles versucht haben«.[76]

Tatsächlich wollte Tamara Danz ihr Land nie verlassen. »Sie war«, wie der Schriftsteller Fritz-Jochen Kopka treffend bemerkte, »ein Mensch, der bleiben konnte, auch wenn er nicht einverstanden war«.[77] Ihr Antrag sollte maximalen Druck ausüben. Das Vabanquespiel glückte, die Musikerin wurde am 20. März 1985 als »Reisekader« bestätigt. Wenige Tage zuvor war sie von Hartmut König zum ausschlaggebenden Gespräch in den Zentralrat der FDJ eingeladen worden. Der Leiter der Kulturabteilung empfahl sie in seinem Rapport »als politisch aufgeschlossene, intelligente Unterhaltungskünstlerin, mit der sich gut zusammenarbeiten lässt«.[78] Daraufhin gab der Stellvertreter des Ministers für Staatssicherheit, Generalleutnant Rudi Mittig, grünes Licht. Man solle Tamara Danz dennoch im Auge behalten: »Die bereits erreichten positiven Veränderungen müssen im weiteren Erziehungsprozess fortgesetzt werden.«[79]

Zwei Monate später, Ende Mai 1985, stellte man Silly auf eine Bewährungsprobe: Die Band war Teil einer Delegation des FDJ-Zentralrats, die das

»Laulu-Festival«, ein politisches Musik-Event in Finnland, besuchte. Sie trat dreimal in Helsinki auf und gab ein Dutzend Interviews. Die interne Auswertung hob die »hohe Disziplin und große Einsatzbereitschaft« hervor und schrieb Silly »einen nicht unmaßgeblichen Anteil« am gesamten Erfolg des Festivals zu.[80] Auch die FDJ-Tageszeitung »Junge Welt« berichtete. Das Eis war gebrochen.

Silly tourten in den kommenden Jahren durch sämtliche skandinavischen Länder, die Schweiz, Österreich, Frankreich und Portugal. Die größte Resonanz fanden sie in West-Berlin und in der Bundesrepublik.

Gegen den Strom

Dort hatten sie seit langem etliche Sympathisanten und Helfer. Zu den wichtigsten zählte Jim Rakete, der als Manager von Nina Hagen, Nena oder Spliff einen großen Namen besaß. Ein Kollege spielte ihm eines Tages das Album »Mont Klamott« zu – Musik, die zwar nur wenige Kilometer Luftlinie entfernt entstanden war, im Westen aber niemanden interessierte. »Wir wussten ja nichts über die ostdeutsche Szene, weil kein Mensch hat das bei uns jemals gehört. Unsere Wurzeln lagen woanders. Wir waren verhinderte Amerikaner.«[81] Jim Rakete schob die Kassette in den Rekorder und betrat eine fremde Welt. »Ich war frontal getroffen von den Lyrics und der Atmosphäre und auch von der Tatsache, dass sich da jemand ein Pathos traute, wie es bei uns undenkbar gewesen wäre. Das fand ich sehr mutig. Wir hatten damals in West-Berlin eine völlig andere Musiklandschaft. Popmusik machte sich über die Generation der Eltern lustig, die Texte waren eher zynisch. Und hier kamen Silly mit ihrer geradezu bildwerferischen Kraft. Ich dachte, Donnerwetter! Das ist aber eine ganz andere Nummer, die erzählen wirklich eine Geschichte.«[82]

Die Band lud Jim Rakete nach Ost-Berlin ein, um mit ihm über die Zukunft zu reden. Er sollte einen Kontakt zur CBS Schallplatten GmbH vermitteln, der deutschen Tochtergesellschaft des internationalen Branchenriesen. Silly suchten neue Partner im Westen, sie waren mit der gängigen Lizenzierungspraxis von Amiga unzufrieden. Die Firma besaß einen Exklusivvertrag mit dem Westberliner Label Pool, das die Platten der Puhdys, von Veronika Fischer, Karat oder City »drüben« auf den Markt brachte. Silly stießen sich an der offensichtlichen »Schnäppchenpolitik«. Ritchie Barton: »Die Diskussionen gingen nach ›Mont Klamott‹ los. Pool hatte ein simples Schema: Man kaufte ein hochwertiges, fertiges Produkt für wenig Geld bei Amiga, stellte ein Cover her und wartete dann auf den Zufall. Manchmal klappte es, so wie bei ›Am Fenster‹ oder ›Über sieben Brücken‹. Die Haltung war: ›Schau'n wir mal, es wird schon was passieren.‹ Das hat uns extrem aufgeregt. Tamara wurde richtig laut. Sie hat René Büttner klipp und klar gesagt: ›Wir wollen das nicht mehr.‹ Und er hat erstaunlicherweise pariert.«[83] CBS schien eine ungleich attraktivere Option zu sein.

Im Mai 1984 schloss Amiga die Aufzeichnung des neuen Silly-Albums ab und bereitete die Veröffentlichung vor. Bei einem privaten Treffen am 16. August gab Tamara Danz dem Grafiker Roman Stolz, Mitarbeiter von Jim Rakete, eine Kopie der finalen Mischung und die Songtexte, in der Hoffnung, dass CBS Feuer fängt. Doch der Plan ging schief. Der Zoll fischte die Schmuggelware zielgerichtet an der Grenzübergangsstelle heraus und konfiszierte sie. Es platzte ein bis dato beispielloser Coup. Amiga hatte diesmal sämtliche Lyrics akzeptiert und mit Silly Stillschweigen vereinbart. Man wollte die Hardliner vor vollendete Tatsachen stellen. Für Werner Karma waren die Motive klar: »Es riecht schon sehr nach Deutscher Mark.«[84] Die Platte war politisches Dynamit, sie hieß »Zwischen unbefahrenen Gleisen«.

Der Fall landete beim Komitee für Unterhaltungskunst und wurde dort zur Chefsache erklärt. Gisela Steineckert informierte den Minister für Kultur und warnte vor einer »Lawine«. Die Texte von Werner Karma werden »der gesamten Rockszene und der gesamten Unterhaltungskunst neuen, großen Schaden bringen«. Offenbar habe die »Devisenunternehmung« den Verantwortlichen bei der Plattenfirma den Verstand geraubt. »Sind sie wie die Lemminge vom Selbstvernichtungstrieb befallen?«[85] Die angezählten Genossen gaben nicht klein bei, sondern verteidigten ihre Entscheidung. In einer vom Stellvertretenden Kulturminister anberaumten Aussprache hob die Direktion des VEB Deutsche Schallplatten »das hohe künstlerische Niveau der Plattenproduktion« hervor und zeigte sich »nicht geneigt, Veränderungen vorzunehmen«.[86] Sie wischte die Vorwürfe vom Tisch: »das sei alles eine Auffassungsfrage, der Texter hätte das völlig anders gemeint«.[87]

Auch bei Silly selbst biss man »auf Granit. Sie lächeln uns an, bieten uns Lesarten, die ein Kind einem nicht zumuten würde«. Dabei hätte man den Künstlern viel Geduld geschenkt und Argumente gefunden, die »extra für weniger gebildete und politisch weniger engagierte Leute« heruntergedimmt wurden. Die Musiker und Funktionäre lieferten sich das übliche Schattenboxen, »eine Art fruchtloser Diskussion, wo man allmählich an seinem eigenen Verstand zweifelt«.[88] Werner Karma erinnerte sich an das absurde Theater aus seiner Perspektive: »Ich sehe uns, wie wir vor ihnen steh'n, einbestellt vor diese kleinmütigen Verhinderer, und ihre Gesichter zucken vor Feigheit wie frisch geschlachtete Aale auf der Pfanne.«[89]

Letztlich stoppte das Kulturministerium die Veröffentlichung per Weisung. Das Cover wurde verworfen, drei Songs, die sich um allgegenwärtige Bespitzelung (»Tausend Augen«), Reisefreiheit (»Zwischen unbefahr'nen Gleisen«) und moralische Integrität (»Nur ein Lied«) drehten, mussten neu betextet werden. Der ursprüngliche Opener traf besonders schmerzhaft. Er verhöhne die DDR »als totalen Überwachungsstaat«[90] und richte sich »gegen die Arbeit der Sicherheitsorgane«.[91] Tamara Danz sang von »Tausend Augen«, die überall lauerten, »hinter der Tapete«, »im Gestühl der Stadt«. Und sie sprach das MfS direkt an: »Tausend Augen prüfen meinen Pass.«

Das zensierte Album erschien 1985 als »Liebeswalzer«. Den geänderten Titel der LP konnte man durchaus als Seitenhieb verstehen, als spöttische Verneigung vor einer Macht, der man sich nie beugen würde. In der Presse fehlte freilich jeder Hinweis auf die schwierige Geburt. Die Rezensenten überschlugen sich vor Lob, feierten »Liebeswalzer« als ein Meisterwerk, das kantig, experimentell und perfekt zugleich war.

Wie schon »Mont Klamott« stach auch diese Platte durch ihre hohe Produktionskunst heraus. Erneut stand Helmar Federowski an den Reglern und brachte zahlreiche Ideen ein, er hat die Songs mitgestaltet. Ritchie Barton meint: »Helmar war unser George Martin.«[92] Er reizte die in mancherlei Hinsicht limitierte Technik des Amiga-Studios bis zum Maximum aus, besaß ein unbestechliches Gehör und umfangreiches musikalisches Wissen, Geschmack, Fantasie und ein progressives Soundempfinden. Helmar

Helmar Federowski im Amiga-Studio, 1983 © Ulrich Burchert

Federowski (*1946) wurde als Kind vom weltberühmten Dresdner Kreuzchor auserwählt, später studierte er Gesang und Tonregie an der Musikhochschule und hatte eine eigene Band. Von 1972 bis 1986 war er bei Amiga angestellt. Dort betreute er die Rockelite Ostdeutschlands, darunter Renft, die Puhdys, Veronika Fischer, Karat, City, Stern Meißen und Pankow. Seine Zeit mit Silly nennt Helmar Federowski »eine traumhafte Symbiose«, ein Geben und Nehmen, durch das er selbst gewachsen sei.[93]

Viele preisen das Album »Bataillon d'Amour« als Krone der Zusammenarbeit, weil es so brillant klingt, doch tatsächlich verzeichnete »Liebeswalzer« den größten Landgewinn. Keine andere DDR-Rockproduktion war stärker gegen den Strich gebürstet als diese Platte. Wir hören rückwärtslaufende Chöre, kosmische Signale, bis zur Unkenntlichkeit verfremdete Perkussionseffekte. Zum ersten Mal wird digitale Technik eingesetzt, die Synthesizer Roland D-50 und Yamaha DX-7, beide im Privatbesitz von Ritchie Barton. »Es war Learning by Doing«, erklärt Helmar Federowski. »Wir hatten für kein Gerät, das neu ins Studio kam, irgendeine Bedienungsanleitung.«[94]

Es gibt einen Moment auf »Liebeswalzer«, der die unbändige Lust am Experiment plastisch einfängt. Im Intro von »So 'ne kleine Frau« irrlichtert für den Bruchteil einer Sekunde ein verzerrter Laut durch die Kanäle, den wir nicht zu deuten wissen. Er fällt aus dem Rahmen, wirkt wie ein Störgeräusch. Ist hier beim Mastering ein Fehler unterlaufen? Ritchie Barton löst das Rätsel auf: »Amiga hatte zwei Studios in der Ostberliner Brunnenstraße. Wir arbeiteten an ›So 'ne kleine Frau‹, als sich Helmar versehentlich in den anderen Raum schaltete. Dort wurde eine Orchesteraufnahme gemischt. Helmar hat den Ausrutscher blitzschnell bemerkt, aber der fremde Ton war auf Band. Wir fanden das genial.«[95]

Es war einer der wenigen Augenblicke, wo der Zufall waltete, am Rest wurde minutiös gefeilt. Etliche Lösungen sind unter Zeitdruck direkt im Studio entwickelt worden. Helmar Federowski schildert die DDR-üblichen Bedingungen: »Tonmeister hatten eine sogenannte Hörbegrenzung auf vier Stunden, die sie vorm Lautsprecher verbringen durften. Danach war die Schicht zu Ende. Nicht selten steckte man aber genau dann mitten in einer kreativen Phase und musste nun bis zum nächsten Tag warten. Ich habe deshalb Abendtermine bevorzugt. Wenn der Pförtner gegangen war, arbeiteten wir oft bis zum Morgengrauen weiter.«[96]

Auch heute noch besticht das Album durch seinen überbordenden Einfallsreichtum und die packende Dynamik. Es klingt elektronisch, aber nie kalt, selbst das Maschinelle wirkt »handgemacht«. Ritchie Barton bedient virtuos das topmoderne Equipment, Herbert Junck, der neue Mann am Schlagzeug, sorgt für einen nuancierten Drive. Die Platte ist aus einem Guss, rastlos, es gibt keine Pausen, die Songs gehen ab dem zweiten Stück per Überblendung oder durch harmonische Brücken ineinander über. Nur einmal hält sie den Atem an. Stille setzt ein, bevor wir der Geschichte von »So 'ner kleinen Frau« lauschen.

Elegische Keyboardflächen und ein rudimentär funkiges Single-Note-Riff der Gitarre holen uns in die Realität. Tamara Danz lässt alle Schnörkel weg, ihre Stimme klingt reduziert, warm, empathisch. Wieder begegnen wir einem Menschen aus unserer Mitte, den das Schicksal nicht verwöhnt. Die junge, nur körperlich kleine Frau wird von einer unstillbaren »Gier nach Glück« getrieben. Zu Hause warten drei Kinder. Eine »fahle Sehnsucht schmerzt in ihrer Brust«, sie wünscht sich den richtigen Partner, Sex, Geborgenheit. Doch niemand hält es lange bei ihr aus, »vom Zigarettenholen kam kaum 'n Kerl zurück«. Ihr Leben ist eine traurige Aneinanderreihung von One-Night-Stands. Immer wieder bäumt sie sich dagegen auf. Eine schreiende Gitarre, die nicht mehr zur Ruhe kommt, ringt mit dem zerbrechlichen Flirren des Synthesizers. »So 'ne kleine Frau« ist der einzige Hit auf »Liebeswalzer«.

Das Thema »Lust« wird von Werner Karma auch in »Nester der Nacht« aufgegriffen, explizit, ohne verhüllende Metaphorik, diesmal mit einem Happy End. Die Band liefert die passende, orgiastische Musik. Ansonsten dominiert ein subversiver Ton die Platte. In der Urversion beginnt das Album mit dem Einstimmen eines Orchesters. Die Geigen schwellen bedrohlich an, bis das Schlagzeug wie ein ungebetener Gast an die Tür hämmert. »Tausend Augen« umzingeln uns, es gibt kein Entrinnen. Die Keyboards klirren und schleifen, Rhythmen stolpern übereinander, eine dämonische Gitarre schreddert das letzte Fünkchen Traute. In der dritten Strophe schrillt ein Diensttelefon. Tamara Danz deklamiert mit einem Anflug von Galgenhumor, trotzdem merkt man, dass ihr die Haare zu Berge stehen. Martialisch-militärische, zum Teil rückwärts abgespielte Chöre ziehen die Schlinge enger. Der Song lähmt durch seine stampfende Schwerfälligkeit, die an einen Albdruck erinnert: Man will wegrennen, kommt aber nicht von der Stelle. Klaustrophobische Ängste schnüren einem die Kehle zu.

»Tausend Augen« ist die avantgardistischste Rockproduktion im gesamten Amiga-Katalog und ein deutlicher Gruß an Frank Zappa. Auch die zweite, in puncto Effekte und Arrangement leicht abgemilderte Fassung des Songs bleibt ein Unikat. Werner Karma hat die Idee des Verfolgungswahns in den geänderten Text gerettet. Nur ist sie hier weniger real, sondern verströmt den wohligen Grusel eines Breitwandkrimis im Kino. Den Titel des Liedes, »Psycho«, setzte man vorsorglich in Anführungszeichen, um ja keinen Zweifel daran aufkommen zu lassen, dass es sich um ein Zitat handelt und nicht um eine versteckte Anspielung auf den Apparat. Im vorletzten Vers taucht dann Alfred Hitchcock auch namentlich auf. Eine neuerliche Provokation wollte man sich nicht leisten.

Auch das zweite Stück der Originalversion des Albums fiel der Zensur zum Opfer. Es heißt »Zwischen unbefahr'nen Gleisen«. Allein diese Schlagzeile war politischer Sprengstoff, jeder assoziierte sie automatisch mit der Mauer und dem Mangel an Reisefreiheit. Im September 1984 wuchs ihr eine weitere, unerwartete Bedeutung zu: Erich Honecker sagte einen lange geplanten Staatsbesuch in der Bundesrepublik ab. Die Weisung kam aus Moskau, wo man einer innerdeutschen Annäherung misstraute. Werner Karmas Pointe rückte in ein noch brisanteres Licht: »Zwischen unbefahr'nen Gleisen / geht ein anderer Verkehr / Und die Märchen über's Reisen / werden mit den Jahren mehr«. Selbst den Hasardeuren war klar, dass sie damit nicht durchkommen würden. Karma schrieb die letzte Strophe um, er blieb beim Bild einer Brache, in der sich allerlei »Getier« eingenistet hat und dort »koitiert und schleimt und scharrt«: »Zwischen unbefahr'nen Gleisen / ist die Barbarei zuhaus / Und der schöne Strang aus Eisen / fällt uns für den Fahrplan aus«. Doch das konnte den Song nicht retten.

Der heikle Text wurde von Silly in eine Musik verpackt, die den Ernst ironisch bricht. Inspiriert von Ulla Meineckes Hit »Die Tänzerin«, swingt Tamara

Danz wie sonst nie. Das Schlagzeug flirtet mit der Drum Machine, ein warmer, federnder Synthesizer-Bass schmeichelt sich ins Ohr. Mit einem lässigen Solo auf dem DX-7 verrät uns Ritchie Barton seine Schwäche für den Jazz Rock im Stil von Jan Hammer. Es ist ein Wohlgefühl der Harmonie, das uns umfängt und von Werner Karma nach dem Veto des Kulturministeriums in komplett neue Lyrics rückübersetzt wird. »Berliner Frühling«, so der geänderte Titel, erzählt vom Ende der »Winterschlacht«, von »Gottes gelber Sonne« und prachtvollem »Blütenschnee«. Und wenn ein Schuss in der Mauerstadt fällt, entpuppt er sich als harmlos: »Zwei Touristen aus Detroit / knall'n mich ab mit Polaroid«. »Berliner Frühling« ist eine hinreißende Milieustudie und Liebeserklärung. Ihre Entstehungsgeschichte zeugt erneut von Werner Karmas Meisterschaft; scheinbar mühelos haucht er dem verbotenen Lied ein zweites Leben ein. Wir können uns nicht entscheiden, welche der beiden Fassungen die bessere ist.

Bevor wir uns an die poppige Leichtigkeit gewöhnen, wird es philosophisch. Der nächste Song widmet sich einem großen Thema: »Die Ferne«. Reflexhaft denken wir an fremde Länder, die für uns unerreichbar bleiben. Ein sanftes Schlagzeugdonnern misst den Raum aus, Synthesizer-Voices steigen sehnsüchtig in die Tiefe. Wir beginnen zu träumen. Reggae-Fragmente und das exotische Arpeggio einer japanischen Koto, imitiert vom DX-7, entführen uns in die weite Welt. Das ernüchterte Fazit des Refrains überhören wir geflissentlich: »Die Ferne ist ein schöner Ort / doch wenn ich da bin, ist sie fort / Die Ferne ist, wo ich nicht bin / ich geh und geh und komm nicht hin«. Wir halten an unserer Illusion fest, wollen einfach nur weg. Dabei sagt Werner Karma das Gegenteil: Bleibe zu Hause, dort liegt das Glück.

Zum Schluss sackt der Song in sich zusammen, es ist ein ewiges Auf-der-Stelle-Treten. Nur eine dezente Hawaiigitarre fliegt störrisch in die Höhe. Man muss schon ein Musikdetektiv sein, um ihre Herkunft zu identifizieren: Es handelt sich um einen Schnipsel aus Pankows »Lied von der See'nsucht«. Wieder einmal lachte der Zufall. Weil Studiobänder in der DDR knapp und teuer waren, wurden sie mehrfach verwendet, nach der Produktion entweder gelöscht oder überspielt. In diesem Fall betraf es die Pankow-LP »Kille Kille«. Der Legende zufolge endete die Aufnahme von »Die Ferne« exakt an der Stelle, wo Pankow-Gitarrist Jürgen Ehle in die Saiten greift.

Ein Wunder anderer Art verkörpert der nachfolgende Song auf »Liebeswalzer«. Es ist rätselhaft, warum die Zensoren nicht auch »Die alten Männer« von der Titelliste gestrichen haben. Schließlich handelte es sich um ein geflügeltes Wort, mit dem der Volksmund die greise Regierung verspottete. Werner Karma porträtiert »die alten Männer« als verbohrte Großväter, die aus der Zeit gefallen sind und ihre Enkel nicht mehr verstehen. Sie halten sich am Bier und Johann Strauß fest, aber sie »tanzen nicht mehr«. Die Musik formuliert den Antagonismus der Generationen aus, sie zitiert den »Flohwalzer«, eine Dampforgel grüßt das vorige Jahrhundert. Tamara Danz künstelt wacklig im 3/4-Takt, mimt die schaumgebremste Opern-Diva. Stoisch trotzt sie dem treibenden, ostinaten 4/4-Groove der Band und dem futuristischen Sound der Synthesizer. Auch die völlig verzerrten perkussiven Einwürfe und dissonanten Effekte, bei denen sich Johann Strauß wohl im Grab umdreht, bringen sie nicht aus dem Konzept. Nach fünf Minuten bricht das groteske Gegeneinander zusammen, als ziehe man einer heißgelaufenen Maschine den Stecker.

Großer Träumer

Komm, mein großer Träumer
Komm, ruh dich aus
Hat dich die Meute wieder geschafft
Hass und Dummheit hau'n dich hin
Deine Haut ist so dünn
Woher nimmst du nur immer die Kraft

Komm, du Narr der Narren
Komm und erzähl
Was hat dich heute wieder empört
War es nur so 'n stures Nein
Oder traf dich ein Stein
Wen hat dein lautes Lächeln gestört

Komm, du Clown der Kranken
Komm, heul dich aus
Hier sieht dich keiner elend und schwach
Schlaf dir deine Zweifel aus
Mach's an mir, ich verdau's
Solang ich weiß, für wen ich es mach

Geh, mein großer Träumer
Geh, wenn du meinst
Dass deine Sehnsucht dich wieder trägt
Schlag dich wieder in den Tag
Leg dich an und ertrag
Dass sich am Ende wenig bewegt

Nimm alle Müh'n in Kauf
Aber gib bitte nie auf
Nimm alle Müh'n in Kauf
Und gib niemals auf

Text: Werner Karma

Oder werden hier einfach lebensverlängernde Maßnahmen gekappt?

Dass die Zensur gelegentlich ein Eigentor schoss, illustriert das finale Stück auf »Liebeswalzer«. In der ersten Fassung behauptet es, »Nur ein Lied« zu sein. Es geht um Unbestechlichkeit und »Mut«, die Suche nach »Wahrheit«, »Sinn«. Gisela Steineckert, die das Verbot des Albums ins Rollen gebracht hatte, erkannte eine »geistige Verwandtschaft zu Bettina Wegner und ihrem ›Wenn meine Lieder nicht mehr stimmen‹«. Da bahne sich Unheil an, die Nähe zur Dissidentin sei »fatal«.[97] Werner Karma schrieb einen neuen Text, der die Attitüde des alten nur verstärkte. Er wechselte von der Ich-Perspektive des dünnhäutigen Erzählers in die beschützende Position des wissenden Gefährten. »Großer Träumer« ist von den gleichen Idealen wie »Nur ein Lied« durchdrungen, aber weniger pathetisch, dafür kraftvoller und optimistisch.

Wieder beschließt ein nachdenklicher, hymnischer Song die Platte. Der letzte Ton, den Tamara Danz singt, verharrt schwebend auf der Quinte, sie öffnet ihre Seele, dann hebt das Raumschiff ab. Ritchie Barton spricht von Ambitionen und Skepsis, wenn er auf die Produktion von »Liebeswalzer« zurückblickt: »Die LP sollte unbedingt anders klingen als ›Mont Klamott‹, das war der Vorsatz. Aber dann hat uns das Ergebnis doch ein bisschen verunsichert. Muten wir den Leuten nicht zu viel zu, wird die Idee auch wirklich greifen? Vielleicht waren wir damals ja unserer Zeit voraus.«[98] Niemand würde das heute bezweifeln.

Amiga ℗1986, Cover: Ute Mahler (Foto), Bernd Frank und Gert Hof (Gestaltung)

Bataillon d'Amour

Ankunft im Westen

Beim nächsten Album war die CBS an Bord. Sie erwarb die Lizenz und veröffentlichte »Bataillon d'Amour« im Westen. Genau genommen handelte es sich um eine Koproduktion, die als solche jedoch nicht auf dem Cover ausgewiesen wurde, denn der Konzern war bereits in die Aufnahmen involviert. Jim Rakete hatte beide Parteien, die CBS und Amiga, an einen Tisch gebracht, seine Hartnäckigkeit zahlte sich aus. Hinzu kam, dass Silly inzwischen von der bundesdeutschen Presse als Hoffnungsschimmer aus dem Osten registriert wurden. Insider kannten ihren Namen. Im November 1985 sendete das ZDF-Politmagazin »Kennzeichen D« ein zehnminütiges Porträt, das die Band einem größeren Publikum zur Primetime vorstellte. Der akkreditierte Reporter berichtete über eine Show in Görlitz, er interviewte Fans und besuchte die Musiker im Probenraum. »Silly«, so sein Urteil, »ist DDR-Rock vom Feinsten. Ein bisschen unterkühlt, fast intellektuell, und seit kurzem für den Export zugelassen.« Der Boden war bereitet.

Im Februar 1986 begannen Amiga und die CBS mit der gemeinsamen Arbeit. Es war die erste Ost-West-Kooperation im Bereich der populären Musik, die über eine bloße Lizenzierung hinausging. Und auch in politischer Hinsicht grenzte der Deal an ein kleines Wunder. In SED-Kreisen haftete der CBS ein fragwürdiger Ruf an, weil sie abtrünnige DDR-Künstler und Dissidenten mit offenen Armen empfing, unter ihnen Wolf Biermann, Nina Hagen sowie Pannach & Kunert – jede/r Einzelne eine Persona non grata. Nun holte man die Firma bedenkenlos ins Boot, siegte das Geld über die Gesinnung. Auch die Wahl des West-Produzenten, Micki Meuser, hätte vor dem moralischen Ausverkauf wohl einige Wellen geschlagen. Schließlich zeichnete Meuser für die LP »Wenn meine Lieder nicht mehr stimmen« von Bettina Wegner verantwortlich. Sie erschien 1980 bei CBS, als die Sängerin zwar noch in der DDR lebte, aber schon durch ein Berufsverbot kaltgestellt wurde. Ihre Songs waren nicht nur für Gisela Steineckert ein rotes Tuch.

Das Silly-Projekt blieb von derlei Skrupeln unberührt. Die CBS wünschte sich einen konkurrenzfähigen, radiotauglichen Sound und rüstete deshalb das Amiga-Studio nach. Micki Meuser erinnert sich: »Die Technik wurde von der CBS als nicht ausreichend empfunden. Deshalb stellte sie die Bedingung, dass ein Produzent aus Westdeutschland die Aufnahmen begleitet. Und dann hat man die Szene abgeklopft. Ich bekam den Zuschlag, weil ich erstens alle erforderlichen Geräte besaß und zweitens als Mann fürs Schwierige galt.«[99] Meuser (*1953) wurde auf doppelte Weise geschätzt: für die hohe Kompetenz und sein ausgleichendes Naturell. In der Rockwelt kannte man ihn als Geburtshelfer bahnbrechender Platten von Ideal, Ina Deter oder Die Ärzte. Nun sollte er hinter dem Eisernen Vorhang die Weichen stellen.

Der gebürtige Nordrhein-Westfale klappte die Rückbank seines Saabs herunter und belud das Auto bis unters Dach mit neuester Technik. Nach einer dreistündigen Zollkontrolle traf er in der Ostberliner Brunnenstraße ein. Dort warteten Helmar Federowski, Toningenieur Dieter Ortlepp und Amiga-Redakteur Klaus Peter Albrecht. Die Ost-West-Konstellation war nicht konfliktfrei, manchmal knirschte es im Studio. Micki Meuser weiß vom einen oder anderen Scharmützel zu berichten: »Wir haben uns manchmal so ein bisschen gekabbelt. Ich betrat ja quasi fremdes Territorium und wollte natürlich meine Ideen einbringen. Das war nicht immer gern gesehen. Helmar nannte mich dann scherzhaft ›Klassenfeind‹, ich ihn ›Kommunist‹. Generell herrschte aber großer Respekt. Das künstlerische Niveau war auf allen Ebenen höher als im Westen. Ich lernte hervorragende Tonleute kennen, fabelhafte Musiker.«[100]

Meuser hatte teures Equipment im Gepäck, das es in der DDR nicht gab und mit dem die Lücke zu internationalen Soundnormen geschlossen werden konnte. Er baute Yamaha-Monitore im Amiga-Studio auf, programmierte den Sampler Emulator II und das Hallgerät Lexicon 224XL. Die Aufnahmen wurden durch zwei Digitalrecorder, die Helmar Federowski von der Klassikabteilung auslieh, rauschfrei mitgeschnitten. Das Ergebnis unterzog er einem Realitätstest. »Ich wollte sicherstellen, dass die Produktion nicht nur bei uns in der Brunnenstraße, sondern auch zu Hause gut klingt. Deshalb habe ich die Songs auf Kassette kopiert und mit einer normalen Stereoanlage abgehört. Dann setzte ich mich ins Auto und prüfte, wie es dort wirkt. Die verschiedenen Audiosysteme halfen mir, Schwächen und Fehler zu entdecken. Mit diesem Wissen bin ich dann zurück ans Mischpult gegangen.«[101]

Silly verbrachten sechs Wochen im Studio, diesmal unter besseren Bedingungen. Sie arbeiteten manchmal mehrere Tage am Stück, um sich dann wieder dem Schichtrhythmus zu beugen. Für Micki Meuser war das eine bizarre Erfahrung: »Der arme Herbert, Sillys Schlagzeuger, hat in den ersten drei Stunden einer Session keinen einzigen Ton eingespielt. Er baute sein Instrument auf, wir richteten die Mikrofone ein und checkten den Sound. Anschließend blieb ihm gerade noch so viel Zeit, um ein oder zwei Songs einzutrommeln. Dann hieß es: einpacken. Ich habe die Hände über dem Kopf zusammengeschlagen. Das war doch kein Rock 'n' Roll! Bei uns lebte man im Studio, übernachtete dort. Hier herrschte eher so eine Aktentaschen-Mentalität. Ich bewunderte an Silly, dass sie es trotzdem schafften, ihre Musik mit einer Seele zu füllen. Diese Form von Professionalität war im Westen nicht unbedingt üblich.«[102]

»Bataillon d'Amour« erschien im Sommer 1986. Es wurde das kommerziell erfolgreichste DDR-Album der Band, verkaufte mehr als 300.000 Exemplare. Die Ost-Presse war sich über den »großen künstlerischen Atem«[103] einig und lobte den »radikalen Moralismus«[104] der Texte. Sie rückte zunehmend die Sängerin als Herz und Motor der Gruppe in den Fokus und verschob damit die öffentliche Wahrnehmung. Immer häufiger sprachen die Medien von »Tamara Danz und Silly«. Daran hatte die optische Präsentation der LP einen nicht unerheblichen Anteil. Das ikonische Cover ist komplett vom Konterfei der Frontfrau ausgefüllt. Es wurde von Ute Mahler fotografiert, die seit »Mont Klamott« das Image der Band durch eine gediegene Schwarz-Weiß-Ästhetik mitprägte. Auf ihren Bildern werden Silly sorgfältig inszeniert, sie strahlen Abgeklärtheit und Distanz aus. Auch diesmal lächelt Tamara Danz nicht.

Die Gestaltung des Covers übernahmen Gert Hof und Bernd Frank. Von Hof stammte der Impuls – Frank, der als Grafiker an der Volksbühne arbeitete und zahlreiche Theaterplakate kreiert hatte, setzte die Idee um und brachte seine Handschrift ein. »Mit meinen Collagen«, so Bernd Frank, »habe ich immer versucht, eine Spannung zu erzeugen. Ich möchte Dinge infrage stellen, sie gleichzeitig aber auch bekräftigen. Diese Balance ist mir wichtig. Die Farbe Rot spielt dabei eine zentrale Rolle; sie hat oft etwas Verstörendes. Ich war von El Lissitzky und anderen russischen Avantgardisten beeinflusst.«[105]

Der jugendliche Silly-Fan fand die Optik von »Bataillon d'Amour« wahrscheinlich einfach nur »cool«. Endlich mal ein Cover, das der Musik ebenbürtig ist und kein hanebüchener Notbehelf! Man kann die Hülle aber auch als autarkes Kunstwerk betrachten und seiner Fantasie freien Lauf lassen. Tamara Danz spukt aus einem schwarzen Nichts in unsere Welt, sie ist bleich geschminkt, wirkt wie ein Wesen aus dem Jenseits. Die toupierten Haare und der starre, furchteinflößende Schleierblick erinnern uns an ein Medusenhaupt, dem man lieber nicht in die Augen schaut. Ihr rechtes Ohr ist mit Schmuck reich bewehrt, die linke Gesichtshälfte dämonisch verschattet. Nur ein roter Strich, der sich wie ein Blutfaden vertikal ins Bild schneidet, symbolisiert Leben. Kein Zweifel: Diese Frau besitzt Macht.

Im Nachhinein mutet die visuelle Dominanz der Sängerin wie ein Omen an. Sie, die abseits der Bühne eine introvertierte Ader besaß, gewann mit dem Triumph von »Bataillon d'Amour« an Selbstvertrauen und ragte mehr und mehr aus der Band heraus, führte bei wichtigen Entscheidungen das Wort. Werner Karma sieht die Platte als Zäsur und meint, dass sich Tamara Danz in »eine Generalissima« verwandelte.[106] Es wachsen Hierarchien, die einstige Familie zerbröckelt. »Die Ratten des Erfolges fangen an, die Fundamente des gegenseitigen Vertrauens anzunagen.«[107] Das Ost-West-Geschäft hinterlässt Spuren in der eigenen Identität. »Der Rock 'n' Roll, der Stachel im Fleisch einer unmusikalischen Altmännerrepublik sein will, trifft auf den Rock 'n' Roll, der sich als bloßes Business begreift. In unseren Köpfen finden fatale Vermischungen statt.«[108]

Den Riss dokumentiert auch das Cover der Amiga-Ausgabe. Im scharfen Kontrast zum düsteren Frontmotiv erscheinen die Musiker auf der Rückseite als gestylte Popper, abgelichtet von Jim Rakete. Die CBS hatte die Band vor dem Fotoshooting in einer Westberliner Boutique ausstaffiert. Uns fallen modisch hochgeschlagene Ärmel auf, der schmale Schlips und ein bis zum letzten Knopf geschlossenes, schickes Hemd. Tamara Danz trägt einen hellen Blazer mit Schulterpolstern, sie sieht biederer aus als beim Honecker-Empfang. Wir deuten das als peinliche Verkleidung.

Von der Ankunft im Westen kündet auch der Sound. Technologisch auf der Höhe der Zeit, passt »Bataillon d'Amour« in jedes Radio, das Album hat internationales Format. Zudem zeugt es von einer völlig anderen Produktionsökonomie als die beiden Vorgänger. Silly bewegen sich klar in Richtung Mainstream, sie klingen windschnittiger. Die experimentellen Kanten fehlen, die Widerhaken sind abgeschliffen. Geräuschpartikel, elektronische Effekte und Gimmicks werden sparsamer eingesetzt. Das

Opus besticht durch seine Konsistenz und Wärme, die Kleinteiligkeit ist präziseren Songstrukturen gewichen. All jene Rezensenten, die nach »Liebeswalzer« von der drohenden Gefahr einer »Tonmeistermusik« orakelten, konnten aufatmen.[109]

Auch wenn ihre Wandlungsfähigkeit erneut großen Jubel auslöst, singt Tamara Danz kohärenter, sie wechselt seltener zwischen den Charakteren und muss sich nicht mehr als Vokalakrobatin beweisen. Stärker als sonst wird sie in den Vordergrund gemischt; ihre Stimme klingt zuweilen leicht »angezerrt«, hat einen aggressiveren Punch. Die Chöre bleiben dieses Mal auf ein Minimum reduziert. »Bataillon d'Amour« gibt den Gitarren von Thomas Fritzsching wieder mehr Raum, er zieht unterschiedliche Register seines Könnens, streut virtuose Metal-Floskeln ein und winkt dem Blues. Die Songs sind rockiger, riffbasiert, streben gewissermaßen Back to the Roots. Ritchie Bartons Keyboardspiel fügt sich organisch in eine Produktion ein, die homogen und volltönig ist.

Das Album beginnt mit dem Titelsong »Bataillon d'Amour«, einem der größten Hits der Band. Es ist eine betörende Melange aus Pop und Rock, die Neuland erobert. Ein weicher Fretless Bass beschreibt die zarten, unschuldigen Gefühle zweier Teenager. Er wird von Jäcki Reznicek gespielt, der damals noch Mitglied der Gruppe Pankow ist, bald aber schon zu Silly wechselt.

Uns umhüllt ein wohliger Raumklang, er zieht uns unwillkürlich in die Szene hinein, wir werden stille Zeugen der knospenden Liebe. Am Ende rufen Trommelwirbel zum Gefecht. Diese Passage wurde auf unkonventionelle Weise mitgeschnitten, nach einer Idee von Helmar Federowski: »Das Reichstagspräsidentenpalais, der Firmensitz von Amiga, hatte ein wunderbar halliges Treppenhaus. Dort habe ich die Snare Drum aufgenommen. Herbert Junck ging mit seiner Trommel durch das Foyer und verschwand schließlich in der Tiefe der Stockwerke. Einen solchen natürlichen Effekt konnten die technischen Geräte nicht simulieren.«[110]

Auch im Westen wurde »Bataillon d'Amour« ein Hit. Das ZDF strich das Lied zwar aus dem Nachmittagsprogramm der »tele-illustrierten«, weil man dort dem vermeintlichen Thema »Sex zwischen Minderjährigen« kein Podium bieten wollte, ansonsten genoss es jedoch reichlich Airplay. Die Melodie war eingängig, der Text universal und frei von ostdeutschen Geheimcodes. Der Rest der Lyrics dagegen blieb ein Fall für Gourmets und trainierte Ohren. Werner Karma war als Poet weiter gewachsen, seine Wortkunst wies eine maximale Dichte auf. Kritiker feierten Karmas Verse als hermetisch versiegelte Literatur und fragten, ob sie nicht »an die Grenzen des Vertonbaren stoßen«.[111]

Die Texte borden vor suggestiven Bildern geradezu über, sie sind mit gedrechselten Formulierungen, Ironie und Humor gespickt. Wir sitzen mit »Josef & Maria«, die nicht zusammenkommen, an der Bar, verbringen einen lasziven, schwülen »Schlohweißen Tag« im Bett und starren schweißnass auf ein seelenloses »EKG«, das »den Suff, den Qualm, die harten Feten« in Rechnung stellt. Werner Karma ist ein Meister der Metaphorik. Er lässt das Herz »wie eine Bombe« ticken, seine Liebe ist »ein Labyrinth«. Dem Moment der Ekstase verleiht er Flügel: »Und dann biegen sich deine Himmel / zu 'ner Spiegelkugel krumm / Darin flatterst du wie'n Vogel / um den Vogel rum«.[112]

Ein wahrer Ausbund an Witz und Eloquenz ist »Ballhaus-Ballett«, hier zucken nur so die Geistesblitze.

West-Berlin, Quartier Latin, 1986: Tamara Danz und Jäcki Reznicek © Hans-Jürg Alfred Dießner

Karma entführt uns in ein schrilles Panoptikum, zum Jahrmarkt der Stilbrüche und Eitelkeiten. Es ist ein heutiges Anno dazumal, wo »Karl-Heinz« den Rücken strafft und »die süffige Dame« beim Tango übers Parkett schiebt. »Die Combo kratzt«, das Mellotron »wimmert«. Diese »Show geht los wie ein Feldzug«. Niemand, den es auf den Stühlen hält. »Nur der Orang Utan vom Einlass / starrt mit stumpfen Augen ins Bier«. Wir schütten uns aus vor Lachen.

Wenn man will, findet man auch in »Ballhaus-Ballett« den doppelten Boden der Gesellschaftskritik, aber man muss ihn schon suchen. Generell sind die Anspielungen auf den Alltag der DDR und politische Zweideutigkeiten dünner gesät als sonst. Am ehesten entdeckt man sie in »Dein Cabaret ist tot«. Das ostdeutsche Feuilleton interpretierte den Text als Parabel für einen »opportunistischen Kunstbetrieb«,[113] der aus Demütigung resultiere.[114] Die

Waffen sind gestreckt, »nun teilst du Sekt und Salzgebäck / zu deinen Liedern aus«. Es herrscht ein stilles Abkommen: »Wenn du bei Hofe aufmarschierst / salutier'n die Wachen / Man räumt dir ein, Ventil zu sein / man lässt dich lachen machen«.

Mit historischem Abstand gelesen, könnte der Songtext auch als Prophezeiung des Untergangs ausgelegt werden. Hat sich Werner Karma von Georg Kreislers »Das Kabarett ist tot« inspirieren lassen? »Was tun wir hier im Totenhaus / beim Leichenschmaus / Warum die Scherben erben / Lass den Toten ihren Moder«.[115] Bei Silly ist es ein wehmütiger Abschied, ohne Sarkasmus und Häme, vielleicht sogar der verzweifelte Versuch, die Dinge, die man kennt, festzuhalten: »Dein Cabaret ist tot, Monsieur / Na, lass mich trotzdem rein«. Synthesizer-Voices stimmen ein heulendes Wehklagen an, Tamara Danz schwankt zwischen Resignation und Gefasstheit. Die Gitarre bäumt sich fiebrig auf, sie hält den letzten Ton ihres Solos, bis sie mit einem schmerzvollen Feedback erstirbt.

Der Bilderreichtum und die klangliche Opulenz des Albums werden nur ein einziges Mal gebrochen: mit dem knapp zweiminütigen Stück »PS«. Es ist ein Lied der Hoffnung und menschlichen Moral, die man nie preisgeben darf. Ritchie Barton setzt sich ans E-Piano, Tamara Danz atmet tief ein. Ihr Gesang gleicht einer klassischen Kantilene, später kommen synthetische Streicher dazu. Ansonsten fehlt jeglicher Zierrat. Wieder einmal werden wir von Werner Karma und Silly zur Einkehr geladen, zum Blick auf das Wesentliche.

Ginge es nach dem alten dramaturgischen Prinzip, würde die LP mit »PS« enden. Doch dann zählt Tamara Danz eine feurige Rocknummer ein und schreit sich die Seele aus dem Leib. »Jeder« ist eine Ode an die Einheit der Vielfalt. »Jeder hat so seine Fahne / schwarz und weiß und grün und rot / Jeder hängt an seinem Leben / Jeder hat so Angst vorm Tod / Jeder ist wie jeder ist«. Die Band groovt wie sonst nie. Das Schlagzeug gibt ein rasantes Tempo vor, es klingt »groß« und dominant, stoisch shuffelt und wandert der Bass, die Hammond-Orgel wetteifert mit gesampelten Bläsern. Wahrscheinlich hat genau in diesem Moment Pete Townshend an die Studiotür geklopft, dessen »Face the Face« damals auf allen Kanälen lief. Dann ertönt erneut »Bataillon d'Amour«, diesmal als reine Instrumentalversion und »Reprise« betitelt. Das Lexicon-Hallgerät kann noch einmal zeigen, was in ihm steckt.

PS

Vergiss nicht, Vater, wenn du frierst
Ich bin wie du geworden
Ich lass mich nicht und lass mich nie
Mit lauten Lügen morden

Vergiss nicht, Mutter, wenn du weinst
Du hast mich gut erzogen
Und niemand kriegt und keiner kriegt
Mich einfach krumm gebogen

Vergesst nur nie unter der Last
Eurer langen Leben
Ich bin zu jung, um schwach zu sein
Zu blind, um aufzugeben

Text: Werner Karma

Mit »Bataillon d'Amour« betraten Silly die gesamtdeutsche Bühne. Das Westberliner Stadtmagazin »tip« schlagzeilte: »Eine DDR-Band belebt unsere Rock-Landschaft.«[116] Silly wurden regelmäßig für Tourneen gebucht, Tamara Danz als »Tina Turner aus dem Osten« von der Presse hofiert. Der Single-Hit »Bataillon d'Amour« lief in mehr als einem Dutzend bundesdeutscher Fernsehshows, im DDR-TV dagegen nur ein einziges Mal. Die Chefredakteure hatten seit jeher ein massives Problem mit dem »äußeren Habitus der Gruppe« und reduzierten ihre Präsenz auf ein Mindestmaß.[117]

Sillys Auftritte im Westen wurden von einem beachtlichen Medienecho flankiert. Der Tenor klang durchweg positiv, man lobte die Band für ihr internationales Format und prophezeite eine glänzende Zukunft. Vor allem Tamara Danz, die mit ihrer Souveränität, Aura und Stimmgewalt begeisterte, hätte »ideale Voraussetzungen für eine Karriere auch in Westdeutschland«.[118] Nach einem Gig beim internationalen Rockfestival »Smukfest« in Skanderborg 1987 erteilte die größte dänische Tageszeitung den Ritterschlag. Sie schrieb: Man sage immer, dass osteuropäische Bands der Entwicklung zehn Jahre hinterherhinkten. Doch Silly bewiesen das Gegenteil. Sie hätten die meisten Acts des Festivals schlichtweg in den Schatten gestellt, wären ihnen »mindestens 15 Jahre voraus«.[119]

Natürlich waren die Medien des »Klassenfeinds« nicht nur am künstlerischen Profil von Silly interessiert, sondern auch an der politischen Story. In den zahlreichen Interviews verhehlten die Musiker nie ihre »kritische Nähe« zur DDR.[120] Der menschliche Zusammenhalt sei im eigenen Land enger, auf der anderen Seite der Trennlinie wäre »alles etwas flüchtiger und oberflächlicher«. Im Westen zu bleiben, sah keines der Bandmitglieder als Option. Tamara Danz meinte lakonisch: »Also, so schön finde ich es hier gar nicht«.[121] Flucht halte sie für den »Weg des geringsten Widerstandes«. Die Konsequenzen lägen auf der Hand: »Wer zu Hause nicht kämpfen kann, der kommt im Westen auch nicht durch.«[122] Auf die Frage, ob sie glaube, dass »die Mauer irgendwann wegkommt«, antwortete die Sängerin: »Ja. Irgendwann, ja.« Sie outete sich als Anhängerin von Michail Gorbatschow, der »wirklich ein Lichtblick« in weltpolitisch »düsteren« Zeiten sei.[123] Ein prominentes Wochenmagazin griff dieses Bekenntnis auf, fotografierte Silly mit »Gorbi«-Button vor dem Brandenburger Tor und titelte »Glasnost nach Noten«.[124]

Der Band schlug warmes Wohlwollen entgegen, kaum jemand kritisierte sie. Die Ohrfeige eines ehemaligen DDR-Journalisten, der Silly als IM bespitzelt hatte und nun, im Westen, noch einmal nachtrat, gehörte zu den Ausnahmen. Er diskreditierte die Musik dieser »durch und durch ›synthetischen‹ Band« als »in die Jahre gekommenen, bombastischen Schwulst-Rock« und höhnte über den »diktatorischen Karma«. Auf den Barrikaden stehe eine neue Generation, der das »schwerblütige Klanggewaber« ein Graus sei.[125] Das sahen etliche Kollegen in seiner alten Heimat ähnlich. Zu ihnen zählten die Schöpfer von »flüstern & SCHREIEN«, einem zweistündigen »Rockreport«.[126] Er kam im Oktober 1988 in die DDR-Kinos und wurde auch auf der »Berlinale« im Westen gezeigt.

Der DEFA-Dokumentarfilm gibt vor, ein Panorama der Szene zu zeichnen, und ist doch nichts anderes als ein Plädoyer für den aufmüpfigen Underground. Zwischen Sandow oder Die Firma wirken Silly als einzige »etablierte« Band wie ein satter Fremdkörper, sie werden als Negativfolie verheizt, vor der die halbwüchsigen Draufgänger umso heroischer strahlen. Roadies bauen ihr unbezahlbares West-Equipment für 5.000 Zuschauer in der Dresdner Jungen Garde auf, während der Sänger von Feeling B, dessen Schweizer Pass hier kein Thema ist, mit einem schrottreifen Lkw zum Pogo an den Strand fährt. Ein Silly-Fan wird mitsamt seiner ganzen Familie der Lächerlichkeit preisgegeben. Niemand glaubt in diesem Kontext der Beteuerung von Tamara Danz: »Zum Anfang haben wir sehr viele Kompromisse gemacht, und daraus haben wir gelernt. Seitdem machen wir keine mehr. Weil, das ist Scheiße. Du kannst damit nicht leben.«

Im RIAS-Interview wehrt sich die Sängerin gegen den parteiischen Blick des Films. Auch Silly hätten »als Garagen-Band« begonnen. »Warum sollen wir uns nun plötzlich schämen, erfolgreich zu sein?« Dem Regisseur wirft sie vor, »sich den falschen Buhmann ausgesucht« zu haben.[127] Die Autorin einer Ostberliner Tageszeitung gibt ihr recht und moniert, dass man für eine schmissige Idee ohne Zaudern bereit war, »das Ansehen« der Band »zu beschädigen«.[128]

Streng vertraulich

Auch intern brauten sich ein paar Wolken über Silly zusammen. Sie kamen jedoch aus der entgegengesetzten Richtung. Die Funktionäre registrierten mit Sorge, dass die Gruppe ein Höchstmaß an Autonomie errungen hatte und sich dem Zugriff des Staates beharrlich entzog. Silly wirkten fast wie eine Westband, die im Osten lebte. Die Musiker mussten nicht mehr jede einzelne Reise umständlich beantragen, sondern verfügten über Dauervisa, die auch ihre Ehe- und Lebenspartner mit einschlossen. Sie pendelten zwischen den Welten und fanden in beiden Gehör.

Am 30. März 1987 schickte Gisela Steineckert, als Kontrahentin wie Gönnerin der Band in Hassliebe verbunden, einen Hilferuf an den Kulturminister. Anlass war ein »dummes Interview«, das Tamara Danz einer englischen Zeitung gegeben hatte. Steineckert führte daraufhin mit der Sängerin »ein hartes, offenes Gespräch« und war »danach nicht viel beruhigter«. Auch erfülle sie mit »Unbehagen«, dass die Band »sich ›Rock für den Frieden‹ verweigert und gleichzeitig große Summen Probengelder fordert«. Die Präsidentin des Komitees für Unterhaltungskunst äußerte ihre Befürchtung, dass Silly »den Kapitalisten« auf den Leim gehen. »Ich kann nicht akzeptieren«, so das Fazit, »dass wir großen kulturpolitischen Schaden riskieren«. Ihr Brief schloss mit einem leicht abgewandelten Beatles-Zitat: »Help me if you can, I feel so down«.[129]

Sechs Monate später, im September 1987, erarbeitete das Ministerium für Kultur eine detaillierte Analyse zur »Entwicklung der Gruppe Silly«. Das als »streng vertraulich« eingestufte, zehnseitige Dokument ist ein bemerkenswertes Zeitzeugnis. Es fängt die politischen Erosionen jener Jahre ein, den frischen Wind von Glasnost und Perestroika der Ära Gorbatschow. Das geheime Schriftstück wurde an das Politbüro des ZK der SED, die Machtzentrale der Partei, weitergeleitet. Der Fall besaß also höchste Brisanz. Das Kulturministerium skizzierte den Hergang der Dinge, fragte nach Ursachen und zog »Schlussfolgerungen für die

Ost-Berlin, Palast der Republik, »Rock für den Frieden«, 1987: Auszeichnung als »Band des Jahres 1986«, »Bataillon d'Amour« wird zum »Hit des Jahres« gekürt, das gleichnamige Album zur »LP des Jahres«. Silly nehmen die Preise entgegen, treten aber nicht auf. © eastblockworld, Gabriele Senft, Bundesstiftung Aufarbeitung

internationale Arbeit auf diesem Gebiet der Unterhaltungskunst«.

Silly wurden als »die derzeit profilierteste und kreativste Band« des Landes charakterisiert, Tamara Danz als »hochtalentierte Künstlerin, interessante Stimme und faszinierende Persönlichkeit«. Als man den Musikern erlaubte, auch im Westen Konzerte zu geben, »traten im zunehmenden Maße Probleme im Umgang mit der Gruppe auf«. Es wurde schwieriger, mit ihnen zu kommunizieren. Vor allem das Verhalten von Tamara Danz sendete »alarmierende Zeichen« aus. Sie verweigerte dem Staat die erwartete Dankbarkeit und »stellte sich politischen Bewertungen künstlerischer Vorgänge gegenüber demonstrativ naiv«. Die SED-Funktionäre beobachteten mit Unbehagen, dass die Band »ein sehr stark kommerziell ausgerichtetes Konzept verfolgt und sich auf dieser Basis zunehmend vom Boden der DDR entfernt«.

Die Suche nach Gründen für den eklatanten Kontrollverlust offenbarte ein erstaunliches Maß an Selbstkritik. Das Strategiepapier brachte die lähmende Bürokratie und den Kleinkrieg der Institutionen genauso zur Sprache wie die Härten des Musikgeschäfts, die Knappheit von Ressourcen und die finanziellen Risiken bei der »Beschaffung von Technik, Ersatzteilen und Transportmitteln aus eigener Kraft«. Verglichen mit der düsteren Beschreibung des Status quo im Intro, vollzog das Resümee eine überraschende Kehrtwende; es las sich wie die Entwertung eherner Grundsätze, eine ideologische Kapitulation. Man wollte den Expansionsdrang der Band in Richtung Westen nicht bremsen, sondern »dieser potenten und wirkungsvollen Gruppe weitere Möglichkeiten der Entwicklung« gewähren. Gemeinsam mit dem CBS-Konzern, der an der Band interessiert blieb, sollte »ein Konzept für den weltweiten Einsatz« von Silly erarbeitet werden.

Über den konkreten Fall hinaus warf das Dokument »prinzipielle Fragen« im Bereich der »Unterhaltungskunst« auf, die nach »Entscheidungen« verlangten. Der »kommerziellen Vermarktung« ostdeutscher Produkte im Westen wurde eine hohe Priorität eingeräumt. Dafür wäre das Reisen zu erleichtern und dürfte »das Neue« nicht vorschnell als sozialismusfeindlich und »mit tiefem Misstrauen beäugt« werden. Letztlich ginge es darum, dem »Klassenfeind« Paroli zu bieten. Man müsse ihn mit seinen eigenen Mitteln schlagen, also »brutal kommerziell«.[130] In diesen Kontext gestellt, wirkte Sillys Westdrall nicht länger als kalter Abschied aus dem System, sondern wie ein wegweisendes Modell für die Zukunft.

Tamara Danz und Uwe Hassbecker, 1986 © Herbert Schulze

Amiga ℗1988, Cover: Jürgen Schmidt-André

Februar

Ost-West-Kollaboration

Mit »Februar«, ihrer letzten LP vor dem Mauerfall, lösten sich Silly vollends aus dem Klammergriff des sozialistischen Kulturbetriebs. Die Platte war ein künstlerischer Geniestreich und das explosivste Opus der Band. Sie atmete den Geist des »neuen Denkens«, das von Michail Gorbatschows Reformpolitik eingefordert wurde. Etliche Texte handelten vom Bankrott des Systems und der Hoffnung auf Veränderung. Dafür stand auch der Titel: »Februar«, der letzte Monat des Winters, auf den das Tauwetter des Frühlings folgt.

Das Album war ein Gemeinschaftswerk von Amiga und der in München ansässigen BMG Ariola. Eine solche Form der Ost-West-Kooperation hatte es im geteilten Deutschland bisher nicht gegeben, sie wurde keiner anderen Band gewährt. Silly waren am Ziel ihrer Wünsche angekommen: Sie wollten auf Dauer nicht nur im Westen veröffentlichen, sondern dort auch produzieren. In der Pressemappe, die Ariola für Journalisten zusammenstellte, verrieten die Musiker: »Wir wollten endlich einmal auf Platte genauso viel Druck rüberbringen, wie wir es live schaffen. Dazu brauchten wir aber technische und Arbeitsbedingungen, die wir in der DDR so nicht fanden.«[131]

Die Hebel setzte Thomas Stein in Bewegung, Geschäftsführer des Ariola-Labels der Bertelsmann Music Group, einem Global Player. Er traf Silly in der DDR und holte sie in seine Firma, die viele westdeutsche Stars, vor allem im Bereich des Schlagers, unter Vertrag hatte. Stein erkannte die einzigartigen Qualitäten von Silly und erklärte das Projekt zur Chefsache. Er wollte das Ariola-Portfolio um eine funkelnde Facette erweitern und sich gleichzeitig einen Claim im Osten sichern, der aufgrund der gesellschaftlichen Veränderungen als Markt zusehends interessanter wurde.

»Februar« war vertraglich und auf dem LP-Cover als Koproduktion definiert, tatsächlich übernahm jedoch Ariola sämtliche Kosten. Thomas Stein: »Im Prinzip hatte der VEB Deutsche Schallplatten ja schon damals kein Geld mehr. Mir war von vornherein klar, dass wir alles finanzieren. Die Aufnahmen zogen sich deutlich länger, als wir ursprünglich angenommen hatten, es wurde wesentlich teurer. Aber das störte mich nicht, weil ich fest daran glaubte, dass Silly es verdienten.«[132] Der ungleiche Deal brachte einen erheblichen Vorteil: »Ich habe zu René Büttner gesagt: Wenn wir schon alles bezahlen, dann fallen wir auch die Entscheidungen. Ihr nickt bitte einfach nur dazu. Wir machen das, was wir glauben vermarkten zu können.«[133] Konflikte blieben freilich nicht aus. Sie entflammten an der politischen Botschaft einer Reihe von Songs. Die Chefetage von

Amiga bäumte sich auf, beugte sich aber letzten Endes der Macht des Geldes.

»Februar« sollte eigentlich im Osten eingespielt und im Westen gemischt werden, so sahen es die anfänglichen Pläne der DDR-Plattenfirma vor. Silly gingen im Spätsommer 1988 für kurze Zeit ins Amiga-Studio, arbeiteten an den Arrangements, nahmen mehrere Songs auf und stellten Rough Mixes her. Zwischen ihnen und den späteren Endprodukten lagen Welten, sie klangen völlig verschieden. Amiga verfügte zwar über eine solide analoge Ausrüstung, aber keine Computertechnologie, hatte den Schritt ins digitale Zeitalter noch nicht vollzogen und konnte mit den internationalen Soundnormen kaum mithalten.

Angesichts der Kostenübernahme durch Ariola und dem Insistieren der Finanziers auf höchste Standards entschied man sich schließlich, das Projekt komplett im Westen zu realisieren. Die Wahl fiel auf das Preußen Tonstudio in Berlin-Kreuzberg, zu dessen Personal die Band seit längerem private Kontakte unterhielt. Silly fuhren im Herbst 1988 drei Monate lang fast täglich aus dem Ostteil der Stadt in die andere Hälfte, um die Songs einzuspielen. Als Produzent zeichnete Uwe Hoffmann verantwortlich, Miteigentümer des Studios und selbst ein versierter Drummer.

Silly hatten zwei neue Bandmitglieder rekrutiert, die den Sound und das Songwriting entscheidend prägten und einen Kreativitätsschub vermittelten: Uwe Hassbecker (Gitarre, Violine) und Jäcki Reznicek (Bass), beide Meister auf ihren Instrumenten. Sie waren auch ein optischer Zugewinn, besaßen eine enorme Ausstrahlung und steigerten den Appeal der Band. Jim Rakete denkt, dass dieser Aspekt für Tamara Danz wichtig war. »Uwe und Jäcki sind grandiose Musiker, keine Frage. Ich glaube aber nach wie vor, dass Tamara sie auch ausgesucht hat, weil sie gut aussahen und weil sie sich so stolz auf der Bühne bewegten. Präsenz spielte für sie eine große Rolle.«[134] Mathias Schramm, einst Mastermind der Gruppe, wurde entlassen, Silly-Gründer Thomas Fritzsching landete in der zweiten Reihe und kümmerte sich mehr und mehr um organisatorische Belange. Das Cover listete ihn zwar noch im Line-up, tatsächlich spielte er auf dem Album jedoch keinen einzigen Ton.

Die Entstehung der Platte war für alle Seiten eine Herausforderung und ein Lernprozess. Thomas Stein, der »Februar« bis heute sein »Wunschprojekt« nennt, spricht von einem »Kulturclash«: »Die Musiker aus der DDR waren eindeutig besser ausgebildet als viele in der BRD. Aber sie benutzten eine andere Sprache. Vieles blieb für uns unverständlich. Das war ja das Besondere, dass man sich in Ost- und Westdeutschland völlig unterschiedlich artikulierte. Diese Diskrepanz führte zu Reibungen. Ich habe zu Silly immer wieder gesagt: Wenn ihr im Westen erfolgreich sein möchtet, müssen die Leute auch verstehen können, was ihr singt. Kein Mensch weiß, was mit ›es geht ein Gespenst in der Mitropa um‹ gemeint ist. Wir haben uns über manche Texte richtig gezofft. Es war ein beschwerlicher Prozess. Tamara & Co. taten so, als ob sie über Änderungen nachdachten, aber mehr der Show halber, damit ich Ruhe gebe. Sie waren ja in ganz anderen Strukturen gewachsen und sind mit ihrer eigenen Philosophie bislang sehr gut gefahren. Und dann kommt jemand wie ich und beginnt, an diesem Erfolgsrezept herumzumäkeln... Sie wussten nicht, wie man einen deutschen Text schreibt, den man auch im Westen vermarkten kann. Es war eine harte, mühsame Arbeit,

Ost-Berlin, Palast der Republik, »Rock für den Frieden«, 1986: Tamara Danz und Thomas Fritzsching © Ulrich Burchert

miteinander zurechtzukommen. Aber so ist das eben im kreativen Bereich, Auseinandersetzungen sind unvermeidlich. Heute finden überhaupt keine Diskussionen mehr statt. Leider.«[135]

Mit »Februar« vollzogen Silly erneut einen künstlerischen Quantensprung und emanzipierten sich weiter von der DDR-Kulturpolitik. Das Album war aber noch aus einem anderen Grund eine Zäsur in der Geschichte der Band: Während der Produktion kam es zum Bruch mit Werner Karma. Ihm widerstrebte der westliche »Sinn für Kommerz«[136] und die Zwangsläufigkeit des Kompromisses, es zeichneten sich weltanschauliche Risse ab.

Karma glaubt, dass Tamara Danz vom Neonlicht der anderen Seite geblendet wurde: »Als Tamara endlich reisen durfte und ich mit ihr im Westen rumfuhr, um dort Musiker und Journalisten zu treffen, habe ich beobachtet, wie sie mit offenen Ohren aufsaugte, was die ihr von der großen, weiten Welt und vom Musikgeschäft erzählten. Ich habe gemerkt, wie sie sich beeindrucken ließ. Sie hatte kein Immunsystem, fiel auf den Zauber herein. Ich war immun. Mein Vater kämpfte als Kommunist im Widerstand gegen die Nazis und ging in die Emigration. Nach dem Krieg entschied er sich für die DDR. Sein Weg hat auch mich geprägt. Der Westen war für mich nie eine Option. Tamara hingegen, so schien es mir, wurde damals von der Verpackungsgesellschaft absorbiert. Sie hat dann leider auch versucht, ihre Band ›hübsch‹ zu machen. Durch die Umbesetzungen und auch äußerlich.«[137]

Die Weltbilder drifteten mit den neuen Signalen aus Moskau weiter auseinander. Während Tamara Danz demonstrativ einen Gorbatschow-Button trug und stolz auf ihren russischen Vornamen verwies, fürchtete Werner Karma die »schwere Abrissbirne«[138] der Perestroika. Er ahnte das Ende des Sozialismus und fiel in Lethargie.

Der wachsende Dissens hatte aber auch künstlerische Gründe. Tamara Danz lehnte die meisten Lyrics, die Werner Karma für »Februar« geschrieben hatte, als zu sperrig und verklausuliert ab, sie hielt sie zum Teil für kaum singbar. Und so landeten nur zwei von ihnen auf der LP, die anderen zog Karma zurück. Sein plötzliches Ausscheiden stellte die Band vor ein logistisches Problem. Die Aufnahmen liefen bereits, doch es fehlten noch acht Texte. Silly konsultierten ein paar der von ihnen geschätzten Westkollegen – darunter den linksanarchistischen Sänger Rio Reiser, Nena-Mitglied Carlo Karges und den Singer-Songwriter Wolfgang Michels –, vermissten aber die gemeinsame Sprache. Tamara Danz hegte selbst dichterische Ambitionen und sammelte bereits seit vielen Jahren Ideen und Skizzen in Dutzenden Notizbüchern. Sie sah allerdings ihre Stunde als Autorin, die das so mächtige Erbe von Werner Karma anzutreten vermag, noch nicht gekommen, brauchte ein Alter Ego, das ihre Gefühle adäquat übersetzt.

Einen idealen Partner fand sie schließlich in Gerhard Gundermann (1955–1998), einem rockaffinen Liedermacher aus Sachsen. Gundermann war eine starke und zugleich schillernde Persönlichkeit, ein wortgewaltiger Intellektueller, der seine proletarischen Wurzeln pflegte und dem Staat als Kollaborateur und Dissident in Hassliebe verbunden blieb. Während die Silly-Musiker in Kreuzberg ihre Instrumentalparts aufnahmen, schrieben er, dem man den Reisepass verwehrte, und Tamara Danz gemeinsam in Ost-Berlin die restlichen Texte unter Hochdruck, knapp vier Kilometer Luftlinie vom Studio entfernt, getrennt durch die Mauer.

»Februar« wurde am 8. Februar 1989 in Westdeutschland veröffentlicht, zwei Wochen später in der DDR. Die Songauswahl war identisch, während sich die Präsentation und Vermarktung der Platte in beiden Ländern unterschied. Am deutlichsten illustrierte das Cover den Kontrast. Die Westausgabe leuchtet im kühlen Blau der Morgendämmerung eines späten Wintertages. Wir sehen ein grobkörniges Foto der Band, das am oberen Rand verschwimmt. Die Musiker lächeln, sie tragen bereits leichtere Kleidung, scheinen im Aufbruch begriffen zu sein. Ihre entspannten Gesichter und die gelöste Körperhaltung vermitteln ein Gefühl von Elan und Optimismus. Jetzt geht's los! Das Bild wirkt im Zentrum leicht überbelichtet, so als bahnten sich die ersten Sonnenstrahlen ihren Weg. Der klassische Schriftzug des Bandnamens, ein Markenzeichen, wurde verändert und funkelt nun in verführerischem Gold.

Das Cover der DDR-Version fängt eine komplett andere Stimmung ein. Es wurde von Jürgen Schmidt-André gestaltet, einem jungen Grafiker aus Ost-Berlin, der mit der Musik von Silly aufgewachsen war. Schmidt-André entschied sich für einen Hybrid aus Malerei und Zeichnung, der mit dem Prinzip der Reduktion einen Kontrast zum opulenten Sound des Albums schaffte und dennoch seine politische Botschaft ebenbürtig widerspiegelte. Den Ausgangsimpuls für das Covermotiv lieferten Rohfassungen von Songs, die er von der Band auf Kassette erhalten hatte, namentlich die surreale Atmosphäre von »Ein Gespenst geht um«. Eine gewisse Inspiration spendete außerdem die Ästhetik des Videos zu »Take on Me« von der norwegischen Popgruppe a-ha, das die Physiognomie und Persönlichkeit der Musiker mit wenigen Strichen bannte.

Auch wenn Jürgen Schmidt-André eine Bildsprache suchte, die im Amiga-Katalog völlig neue Akzente zu setzen vermochte, war ihm der Bezug zur Corporate Identity der Band wichtig. Im Rückblick schätzte er ein: »Mir kam entgegen, dass Sillys Logo als Schriftzug gestaltet war. Da wurde quasi etwas vorgegeben, dieses Leichte, Haptische, Handgemachte. Daran konnte ich anknüpfen. Eine fotografische Lösung, die ja die gängigste Methode war, habe ich bewusst ausgeschlossen. Ich wollte etwas Besonderes schaffen, der Fantasie Raum geben.«[139]

Im Gegensatz zur Ariola-Veröffentlichung wirkt das Amiga-Cover ausgesprochen düster. Seine Radikalität konnte nur als Antwort auf die politischen Zeichen der Zeit und Affront gegen die anhaltende Erfolgspropaganda des Staates verstanden werden. Die Band scheint in einem Warteraum zu stehen, ihre Gesichter blicken ernst, vielleicht sogar resigniert. Abschied liegt in der Luft, zum finalen Song wird nur noch die akustische Gitarre gezupft. Die anderen haben ihre Instrumente bereits aus den Händen gelegt. Dieser Eindruck ändert sich, wenn man beim Betrachten des Porträts das Album anhört. Nun glaubt man Entschlossenheit zu erkennen, Trotz. Die Gitarre spielt nicht länger den letzten Song, sondern das Intro eines gewaltigen Aufschreis.

Selbst wenn Tamara Danz im rechten Vordergrund platziert ist und der Blick unweigerlich bei ihr landet, dominiert sie die Szene nicht. Man nimmt die Band als Einheit wahr, als eingeschworenes Team. Der kahle Raum weist links oben eine Öffnung auf, eine Tür oder ein Fenster, durch die fahles

BMG Ariola ℗1988, Foto: Martin Becker

Licht hereinfällt. Es wirft dräuende Reflexe auf das schwarz-weiße Bild. Am oberen und unteren Rand des Covers breitet sich ein schwelendes Rot aus, das beides sein könnte: eine unheildrohende Feuersbrunst oder der Widerschein der knapp über dem Horizont stehenden Sonne.

Auch wenn der Westen die Produktion bezahlte und die LP in beiden deutschen Staaten erschien, zog »Februar« doch in erster Linie die Fans in der DDR an. Es war ihre Sprache, die hier gesprochen wurde, im Zentrum standen Themen, die sie bewegten. Viele hören »Februar« bis heute als ein Konzeptalbum, als »Soundtrack des Untergangs der DDR«,[140] und verweisen damit auf jene Songs, die als Zustandsbeschreibung des sich in Agonie windenden Landes identifiziert werden können. Sie füllen etwa die Hälfte der Platte und übertönen den Rest mit ihrer plakativen Wucht. Das tatsächliche Leitmotiv des Albums siedelt allerdings auf einer abstrakteren Ebene, es ist weitaus subtiler. »Februar« umkreist die Conditio humana der modernen Welt und fragt nach dem Preis der Evolution. Dank dieser Allgemeingültigkeit bleiben die Botschaften zeitlos. Man kann in ihnen einen Kommentar zum Hier und Jetzt, aber auch den Blick in die Zukunft entdecken. Dass sie bildreich, mit den Mitteln des Pop und dennoch treffsicher formuliert sind, verleiht ihnen eine enorme Kraft.

Das Autorenteam Tamara Danz und Gerhard Gundermann knüpfte nahtlos an Werner Karmas poetischen Impetus an, man spürt kaum einen Bruch, wohl aber eine Verschiebung von Akzenten. Es fällt auf, dass Tamara Danz seltener in der ersten Person singt und stattdessen die Sicht von außen vorzieht. Trotzdem wirkt sie nie distanziert, sondern wie eine Beobachterin, die ihre eigene Welt beschreibt. Der gedankliche Ansatz scheint insgesamt fasslicher als die zunehmend metaphysischen Grübeleien von Werner Karma. In Gerhard Gundermann fand Tamara Danz einen Partner, der ihre dichterischen Ambitionen und ihre Sprachbegabung unterstützte. Er goss die Fragmente und Skizzen in eine gültige Form. Gundermann, der sich im Leben wie in der Kunst zu Nachhaltigkeit und Demut bekannte und dafür von der Presse als »Ökofaschist«[141] verspottet wurde, brachte zudem eine umweltpolitische Perspektive ein. Sie ist in mehreren Songs erkennbar.

Der gewachsene kreative Input von Tamara Danz spiegelte sich auch in der Musik wider. Alle zehn Titel listen sie als Ko-Komponistin, neben dem Keyboarder Ritchie Barton und Gitarrist Uwe Hassbecker, außerdem werden ihr die Chorarrangements zugeschrieben. »Februar« zeigt obendrein, dass sie als Interpretin weiter gereift war. Ihr Gesang zeugt von einem enormen Gestaltungswillen und einer faszinierenden Stimmbeherrschung. Sie schreit, höhnt und fleht, schleift die Silben, baut spannungsreiche Phrasen, lotet die Register aus. Tamara Danz verkörpert disparate Charaktere, mal klingt sie rebellisch, diabolisch oder ironisch, dann wieder introvertiert, verletzlich und verzagt. Nur den Vamp, den man von früheren Platten kennt und vor dem man sich lieber in Acht nimmt, sucht man auf »Februar« vergeblich.

Der herausragenden Sängerin standen kongeniale Instrumentalisten zur Seite. Sie zählten zu den besten ihres Faches, waren handwerklich versiert und besaßen einen weiten künstlerischen Horizont. Ritchie Barton spielte in den 1970ern Progressive, Hard und Jazz Rock. Uwe Hassbecker (*1960) und der Bassist Jäcki Reznicek (*1953) hatten vor ihren Karrieren als Rockmusiker auch Erfahrungen im Jazz, Soul und Pop gesammelt, Schlagzeuger

Gerhard Gundermann, 1992, war parallel in zwei Jobs tätig: als Rockmusiker und als Baggerfahrer im Lausitzer Braunkohlenrevier. Sein Credo: »Nur Kunst oder nur Arbeit geht für mich nicht, ich brauche verschiedene Perspektiven auf die Gesellschaft, sonst führt das zur Verblödung.« © Herbert Schulze

Herbert Junck (1949–2005) gehörte jahrelang zur Bluesband von Hansi Biebl. Alle Silly-Mitglieder absolvierten eine solide staatliche Ausbildung; Barton, Reznicek und Junck studierten an einer Musikhochschule. Weil Silly wie jede andere Kapelle in der DDR von den Live-Auftritten lebten und oftmals weit über 100 Konzerte pro Jahr gaben, verfügten die Musiker über eine immense Spielpraxis. Mühelos stellten sie die meisten westdeutschen Kollegen in den Schatten.

Dem Innovationsprinzip der Band folgend, schlug auch »Februar« ein neues Kapitel auf. Nie zuvor wurde dem Silly-Hörer ein derartig komplexer und zugleich glasklarer Sound geboten. Unter Kopfhörern und bei entsprechender Lautstärke wird man von den multiplen Klangschichten, technischen Effekten und instrumentalen Nuancen geradezu überwältigt. Die Platte besticht durch einen perfekten Raumklang und eine hohe Dynamik des Stereobildes. Produzent Uwe Hoffmann erinnert sich an eine wichtige Quelle der Inspiration: »Wir waren von ›Big Generator‹, dem damals aktuellen Album der britischen Progressive-Rock-Band Yes, begeistert. Es diente uns in puncto Sound als eine Art Wegweiser, wurde zum Vorbild für ›Februar‹. Silly gaben mir die Chance, selbst einmal in diese Richtung etwas zu probieren und zu arbeiten. Mit meinen anderen Klienten wäre das nicht möglich gewesen.«[142]

Als weitere Referenzgrößen nannten die Silly-Musiker die kanadische Sängerin Lisa Dalbello, Peter Gabriel und Pete Townshends LP »White City«, The Tubes und The Fixx, außerdem Klassiker wie Steely Dan, Santana, Queen, Frank Zappa und die Beatles. Der prägnante und hochgradig präsente Fretless Bass, eine der Signaturen von »Februar«, verbeugte sich vor dem stilprägenden Einfluss von Jaco Pastorius, Pino Palladino und Mick Karn. Ein hervorstechendes Novum waren die massiven, sich aus bis zu 44 Tonspuren zusammensetzenden Chöre. Sie verliehen der Platte eine beschwörende Wirkung und den besonderen Drive.

Das Preußen Tonstudio bot Silly optimale Bedingungen. Es wurde 1981 von Uwe Hoffmann und David Heilmann gegründet, zwei Enthusiasten, die gerade mal Anfang zwanzig waren und selbst als Schlagzeuger bzw. Gitarrist in Westberliner Punkbands spielten. Hoffmann stieg später bei der Popgruppe The Other Ones ein, die für ein paar Monate sogar weltweit aufhorchen ließ. Seine Karriere als Produzent bekam durch die Zusammenarbeit mit Die Ärzte den entscheidenden Push. Die Zeit mit Silly rekapitulierte er wie folgt: »Ich empfand es als Ehre, dass Silly mich angefragt haben. Sie sind fantastische Musiker und wurden schnell auch gute Freunde. Es gab aber eine klare Rollenverteilung. Als Produzent lasse ich mich immer von meinem eigenen Geschmack, meinen Ideen und Visionen leiten, das war bei Silly nicht anders. Außerdem habe ich ja auch eine Verantwortung gegenüber dem Auftraggeber, der Plattenfirma. Details, die mir unstimmig schienen, wurden korrigiert. Einzelne Arrangements, Harmonien oder der Beat. Ich habe begradigt, ausgedünnt und versucht, eine gültige Form zu finden.«[143]

Uwe Hoffmann (*1960) brachte sich im hohen Maße kreativ ein. Neben der Aufzeichnung der Musik übernahm er die Computerprogrammierung und arbeitete an den Arrangements mit. Außerdem erledigte er die Post Production. David Heilmann fungierte als Toningenieur. In der Band fanden sie Mitstreiter, die nicht nur ihre Instrumente virtuos beherrschten, sondern auch ein Faible für die Technik hatten. Ritchie Barton tüftelte nächtelang gemeinsam mit Uwe Hoffmann am Sound und den Programmierungen.

Während die technischen Fähigkeiten der DDR-Musiker westkompatibel waren, tauchten Hürden in der Kommunikation auf. David Heilmann erinnerte sich: »Die musikalische Terminologie und der Jargon waren im Osten komplett anders. Silly benutzten Begriffe wie ›große Trommel‹ oder ›Charleston-Maschine‹ statt Bassdrum und Hi-Hat, redeten von ›crescendo‹ und ›ritardando‹. Ich habe während der ersten drei Tage kein Wort verstanden. Null. Wir sprachen nicht die gleiche Sprache. Von den Songtexten ganz zu schweigen.«[144]

Die Aufnahmen im Preußen Tonstudio wurden analog realisiert, unter Zuhilfenahme von digitaler Technik. Zur Kernausrüstung gehörten zwei 24-Spur-Bandmaschinen, ein Atari-Computer mit dem Sequenzer-Programm Notator, verschiedene Sampler, der Drumcomputer Roland TR-808 sowie das Hallgerät Lexicon 480L. Das Studio war auf einer

270 Quadratmeter großen, ehemaligen Fabriketage untergebracht und verfügte über eine gute Raumakustik. Ein Stockwerk tiefer betrieb der Musiker und Produzent Thommy Hein ein kleineres Studio, das ebenfalls eingebunden wurde. Dieter Ortlepp, der die Amiga-Platten von Silly als Toningenieur betreut hatte und nun zu Studienzwecken nach Kreuzberg reisen durfte, beschrieb die Nutzung: »Tamara feilte dort parallel zur Band an ihren Vocals. Sie hatte eine Sechzehnspur-Bandmaschine mit einem Info-Mix und probierte verschiedene Varianten aus, erarbeitete sich eine Strategie. Als sie dann nach oben ins Hauptstudio ging, war ziemlich klar, wie sie ihre Parts singen wird.«[145]

Die Entstehung von »Februar« war ein zeitaufwendiger und diffiziler Prozess. Noch heute merkt man dem Album die Begeisterung der Silly-Musiker für die neue Digitaltechnologie und das Potenzial eines modernen Studios an. Uwe Hassbecker bestätigte: »Vieles hat sich erst während der Produktion entwickelt, weil wir ständig herumexperimentierten. Uwe Hoffmann musste uns gelegentlich in unserem Eifer bremsen, er sagte: ›Macht doch mal weniger!‹ Kritiker finden die Platte heute vielleicht ein bisschen zu verspielt, zu bombastisch und kalt. Aber das war halt der Zeitgeist.«[146]

Typisch für »Februar« ist der nuancenreiche Sound, der sich aus zahlreichen Schichten addiert. Es gibt quasi keine Leerstellen, alles ist gefüllt. Um diesen Effekt zu erreichen, sind im Laufe der Produktion immer wieder Zwischenmixe hergestellt worden. Fertige Analogspuren und Keyboard-MIDI-Tracks wurden zu einem temporären Stereomix zusammengefasst. Auf diese Weise sind freie Bandspuren für weitere Aufnahmen gewonnen worden. Die massiven Chöre, die fast durchweg von Tamara Danz und Ritchie Barton eingesungen wurden, wären ohne ein solches Verfahren nicht möglich gewesen.

Auch die rhythmischen Elemente setzten sich kleinteilig zusammen. Auf der Hälfte der Songs ist Herbert Juncks Schlagzeug zu hören, teilweise von Uwe Hoffmann gesampelt und mithilfe eines Computers editiert. Den Rest hat Hoffmann auf der Basis von Juncks Sounds nachprogrammiert und selbst mit einem Octapad eingespielt. Hinzu kamen Perkussionseffekte aus dem Roland TR-808 und den Sound Libraries der Sampler, die die rhythmische Spannung erhöhten.

»Februar« entstammt einer Ära der Popmusikgeschichte, in der Alben noch als geschlossene Werke rezipiert wurden. Man hörte sie von A bis Z durch. Diesem Umstand trug die Dramaturgie der Platte Rechnung, die in der DDR auf Vinyl und Kassette erschien, im Westen auch als CD. Rockige Songs werden durch ruhigere, introvertierte Stücke sowie poppige Klänge abgefedert, und auch die Themen bleiben im Fluss. Die LP besticht durch ihren melodiösen Gestus und ihre ästhetische Konsistenz, selbst die experimentelleren Partikel stören den Eindruck der Homogenität nicht. Auch in den besinnlichen Augenblicken wirkt die Platte energetisch und kraftvoll, zeugt sie von Rastlosigkeit.

Die West- und die Ostausgabe von »Februar« beginnen unterschiedlich. Ariola lehnte »Ein Gespenst geht um« als Opener ab, weil sein Vokabular zu DDR-spezifisch war. Sie setzten stattdessen den eingängigeren Song »Verlorene Kinder«, der auch als Single ausgekoppelt wurde, an die erste Stelle. Diese Marketing-Entscheidung griff in das wohldurchdachte Narrativ des Albums ein, sie rüttelte gewissermaßen am Fundament. Im Refrain des Amiga-Auftakts spottet Tamara Danz: »Es geht ein Gespenst in der

Mitropa um / es spukt auf dem Friedhof der Träume«. Diese Zeilen hatten in der DDR eine immense Assoziationskraft, weil sie jeder auf die berühmten Worte des »Manifests der Kommunistischen Partei« von Karl Marx und Friedrich Engels bezog: »Ein Gespenst geht um in Europa – das Gespenst des Kommunismus.«[147] Nun hatte sich der revolutionäre Geist in die Mitropa-Bahnhofskneipe verflüchtigt, dem Inbegriff des Schmierigen und der Trostlosigkeit, eine Parallelwelt der Gestrandeten.

Der Song bordet geradezu vor Metaphern, Wortspielen und Redensarten über. Schon die erste Zeile, »der dumme August liest die Zeitung vor«, besaß einige Sprengkraft. Sie erinnerte an die hohlen Phrasen der Politik, an die Opportunisten und Kleingeister, und zitierte mit der »Zeitung« ein Medium der Lüge, das in der bildenden Kunst der DDR, in Film und Kabarett immer wieder persifliert wurde. Symbole des Verfalls und Abschieds ziehen sich durch den Song: »der Tiger mit der Zahnprothese«, »die Ballerina mit der Glatze«, »der entlassene Zirkusclown«. Nur »der müde Flowerpowerhippie« mag als retardierendes Moment durchgehen, denn er spielt die russische »Balalaika«, schlägt mithin die Saiten der Glasnost an. Der »dumme August«, dem keiner mehr zuhört, faltet schließlich ein Flugzeug aus seiner Zeitung. Die Realität bleibt ihm fremd. Am Horizont zieht derweil weiteres Unheil auf, die ökologische Apokalypse, die alles überdecken wird: »Der liebe Gott hat sich lange verpisst / weil für ihn hier nichts mehr zu machen ist«.

Dem Bilderreichtum des Textes entspricht ein mächtiger, vielschichtiger Sound, der unter Kopfhörern eine fast schon klaustrophobische Wirkung entfesselt. Ein besonderer Effekt geht von den Chören aus. Sie werden exzessiv eingesetzt und prominent im Mix platziert, türmen sich zu Dutzenden Bandspuren auf, füllen jeden Winkel des Klangraumes. Dabei sind sie weitaus mehr als eine bloße akustische Finesse. Die Chöre kommentieren und verballhornen den Text, sie schlagen sarkastische Widerhaken ins Fleisch. Es ist eine Art Galgenhumor, mit der lautmalerische Silben wiederholt werden, die eigentlich ins Reich des Lächerlichen und der Infantilität gehören.

Auch Tamara Danz bürstet mit ihrem Gesang die Worte gegen den Strich. Sie deklamiert wie eine Märchenerzählerin, verstellt und oktaviert die Stimme, schreit vulgär auf. Eine torkelnde Gitarre intoniert den Tritonus, das von der mittelalterlichen Kirche als dämonisch und gotteslästerlich verdammte »Teufelsintervall«, der Bass hüpft wie ein Hofnarr von einem Bein aufs andere, ein Trompeten-Sample plustert sich auf, während das Schlagzeug die jämmerliche Meute vor sich herpeitscht. Diesen Geist muss man nicht mehr fürchten. Er ist nur noch ein Schatten seiner selbst und wird mit dem ersten Sonnenstrahl des nahenden Frühlings zu Staub zerfallen.

»Ein Gespenst geht um« lädt auf treffliche Weise in die Welt von »Februar« ein, der Song rahmt die LP textlich wie musikalisch und zieht alle Hebel des Produktionsprinzips. Mit einem kurzen Sample aus dem Yes-Hit »Owner of a Lonely Heart« flicht die Band zudem eine klare Reverenz ein.

Der zweite Song bildet einen deutlichen Kontrast zum Opener. Er ist klarer strukturiert, verzichtet auf dissonante Spannungen und empfiehlt sich mit seinem eingängigen Refrain, der weite Melodiebögen spannt und eine tänzerische Anmut ausstrahlt, fürs Popradio. Wir werden von warmen Naturklängen in eine Welt der Sehnsucht entführt. Eine Sitar lockt nach Fernost, sie wird von Tablas, exotischen Glissando-Effekten und synkopischen

Perkussionseinwürfen begleitet. Später kommt eine indische Sarangi dazu. Die Instrumente wirken täuschend echt und stammen doch durchweg aus der Sound Library. Sie werden von analog aufgezeichneten Gitarren, die ein südländisches Flair und Fernweh verbreiten, und einem singenden Fretless Bass begleitet. Dezente synthetische Streicher vermitteln ein Gefühl des Schwebens, ein Klavier umspielt die Stimme von Tamara Danz, die unverstellt und eindringlich ist. Hier wird nichts ironisch relativiert oder konterkariert, der Song erzählt eine eindeutige Geschichte.

Es geht um »die verlorenen Kinder / in den Straßen von Berlin«. Ob in Ost oder West, mag der Hörer für sich entscheiden – beide Teile der Stadt kennen die Hoffnungslosigkeit kalter Betonsilos, die sich in der Dämmerung »wie ein böses Tier« ducken. Die Kinder frieren und träumen von den »warmen Ländern«, in die sie »so gerne fliehen« würden. Diese Zeile hatte in der DDR eine enorme Brisanz, weil sie am Sakrileg der »Republikflucht« rührte, die der Staat als Straftat ahndete. In einem ostdeutschen Studio wäre der Begriff »fliehen« an der Zensur gescheitert. Ihre akustische Entsprechung findet die Idee des Ausbruchs in der Bridge, wo die Instrumente aus den Kanälen zu fliegen scheinen. Generell besitzt der Song einen faszinierenden Panoramaklang, der uns daran erinnert, wie weit die Welt doch ist.

Auf der West-Ausgabe folgt mit »Landekreuz auf meiner Seele« ein weiterer Popsong und damit die zweite Abweichung von der ursprünglichen Setlist. Während hier die Liebe einer starken Frau besungen wird, greift »Alle gegen einen«, der dritte Titel der Amiga-Veröffentlichung, ein universales Thema auf. Die alte Gier nach Brot und Spielen wird als Umkehrung von »Einer für alle, alle für einen« formuliert, dem Wahlspruch von Alexandre Dumas' drei Musketieren. Wir sitzen in einer spanischen Arena und lauschen den Gedanken des Stieres. Er richtet sich an den Torero, der genau wie er ein Opfer ist. Doch er scheint es nicht zu wissen. Sein Degen zielt auf das Herz des Tieres, während der »Mob« rast. »Sie klatschen sich die Hände heiß / und ich soll für sie tanzen«. Es ist das perfide Kalkül der Macht, die ein willfähriges Volk mit Konsum und Blendwerk triggert, um es nach ihren Wünschen regieren zu können.

Der nächste Song bricht mit einem wuchtigen Gitarrenriff herein. Man spürt sofort, dass es ums Ganze geht. Die Band spielt nicht zum Vergnügen auf, sondern zur Revolte. »SOS« ist der einzige klassische Rocksong auf »Februar«, straight und dynamisch, man wird unweigerlich mitgerissen. Diese Ungeduld durchdringt auch den Text. Seine politische Botschaft sticht durch ihre Direktheit aus dem ganzen Album heraus. Für den ostdeutschen Hörer ist klar: Hier wird sein Land beschrieben, das auf die Katastrophe zusteuert. Die DDR erscheint als doppelt angeschlagenes, dem Untergang geweihtes Schiff, als eine lecke Titanic, auf der sich eine Meuterei zusammenbraut. Metaphern des Verderbens tauchen auf: das »schwarze Riff«, der »Eisberg« und das »gebrauchte Narrenschiff«, auf dem eine »Bordkapelle« für gute Laune sorgen soll. Und dennoch scheint ein Funken Hoffnung zu glimmen, das Bild bleibt ambivalent. »Immer noch stampft die Dampfmaschine / volle Kraft voraus / Immer noch gibt uns die Kantine / kostenloses Essen aus«. Die Mannschaft klammert sich an das Versprechen der Heuer: »Immer noch träumen wir von Heimkehr / und vertrau'n dem Kapitän«.

Es ist eine eigenartige Spannung, die sich durch den Text zieht, ein Rumoren. Die infernalischen SOS-Chöre im Refrain fangen eine düstere Vorahnung ein, genauso wie die mantraartig wiederholte Phrase »immer noch«, die als ein »wie lange noch?« gemeint ist. Mit derben Worten verhöhnt Tamara Danz diejenigen Passagiere, die den nahenden Schiffbruch ausblenden und einer fatalistischen Dekadenz frönen: »fresst und sauft und sauft und fresst«. Das Klavier hämmert, der Bassist schlägt renitent auf die Saiten. Vor der letzten Strophe hebt die Gitarre zu einem grandiosen Solo ab. Es schraubt sich mit perfektem Timing in die Höhe, fiebrige 16-tel und Dead Notes feuern Maschinengewehrsalven, so wie einst Jimi Hendrix in »Machine Gun«. Und dann wird die Lunte ans Pulverfass gelegt: »Immer noch brennt bis früh um vier / in der Heizerkajüte Licht / Immer noch haben wir den Schlüssel / von der Waffenkammer nicht«. Tamara Danz schreit den finalen Vers mit voller Wut und Vehemenz heraus, bevor erneut der SOS-Ruf erschallt. Das ist der zu Wort und Sound geronnene Aufruhr.

Auch »Traumteufel« klang Anfang 1989 wie eine dunkle Vision. »Ich hab geträumt / dass der Kaiser lange tot ist / nur sein Double sitzt noch auf dem Thron / Er sieht gut aus / obwohl er ein Idiot ist / und spielt so gerne mit dem roten Telefon«. Wir müssen an die greise DDR-Führung denken und die nächste Generation von Emporkommlingen, die schon in den Startlöchern sitzt und eher Schlimmeres als Besseres erwarten lässt.

Die folgende Strophe geht noch einen Schritt weiter, sie scheint den Fall der Mauer vorwegzunehmen. Wir sehen ein Bild des Zusammenbruchs und der Kapitulation. »Ich hab geträumt / die eiserne Hand / die das Land um- und umgegraben hat / ist arbeitslos / Denn alles ist verbrannt / für die Leuchtreklamen der goldenen Stadt«. Und dann flackert wieder die Furcht vor dem ökologischen Armageddon auf. Dem »Minister« vergeht das Lachen, »weil der Wald nicht mehr wusste, wie man Blätter macht«. Er resigniert und erhängt sich »an seinem Schreibtisch«.

Mit solchen Zeilen konnte sicherlich auch mancher Käufer der Ariola-Platte etwas anfangen, denn sie artikulierten seine eigenen Ängste. Etliche Passagen auf »Februar« klingen wie eine Zustandsbeschreibung der modernen westlichen Welt. Das scheint insbesondere für »Alles wird besser« zuzutreffen. Der von Werner Karma verfasste Text konfrontiert uns mit Tatsachen, die wir nur allzu gern verdrängen. Er spricht von unserem Egoismus und der grenzenlosen Gier, die wir hinter Heuchelei verstecken. Das Morgen interessiert uns nicht, nach uns die Sintflut! Wir beten den Wahn des Wachstums wie einen Götzen an, dieses irrwitzige Schneller-Höher-Weiter, das unseren Planeten in den Ruin treibt. Der Refrain haut uns höhnisch den Preis um die Ohren: »Alles wird besser / aber nichts wird gut«.

Wir hören den Song damals wie heute als eine Abrechnung mit der westlichen Wohlstandsideologie. Dafür spräche auch, dass in der Urfassung statt des normalen »Autos« ein »Daimler« auftaucht. Aber diese Lesart deckt sich nicht mit der Absicht des Dichters. »Das war ein DDR-Thema«, beteuert Werner Karma. »Der Staat hat mehr und mehr versucht, die Leute zu kaufen, sie über Konsum zu binden. Mit importierten Autos, Delikatessenläden oder auch durch Popmusik. Doch das war ein chancenloser Wettlauf.«[148]

Von Werner Karma stammt auch »Über ihr taute das Eis«. Viele halten das Lied für das Kernstück des Albums. Es ist ohne Zweifel der emotionalste, anrührendste Song. Schubladenfanatiker würden ihn wahrscheinlich als »Powerballade« einsortieren, denn ihm fehlt jede Form von Larmoyanz. Eine Frau, von der wir annehmen, dass sie noch sehr jung ist, steht am Ufer eines zugefrorenen Sees. Das Eis beginnt schon zu schmelzen, es kündigen sich wärmere Zeiten an. Doch ihr Entschluss ist unumstößlich, sie will nicht länger leben. Dem Zuhörer krampft sich das Herz zusammen, er hält den Selbstmord für völlig sinnlos. Was ist passiert?

Linear gelesen, erzählt der Text von einem Mädchen, das »zwischen den Menschen erfror«. Selbst nach seinem Tod bleiben die anderen kalt. Als die Leiche aus dem See gezogen wird, »bestaunt« man ihren »lächelnden Mund«. Drückt er Triumph aus oder einfach nur die vollkommene Erlösung? Das Bergungskommando ist empört: »Wo kommen wir hin, wenn die Leute lächeln / hinter den Grenzen unserer Welt«. Schnell wird sie vergraben, »die Ordnung war wieder hergestellt«. In der letzten Strophe steht das nächste Opfer am Ufer. Es ist die Sängerin selbst, die den Beginn des Songs in der ersten Person wiederholt.

Werner Karma verneint die gängige Interpretation der Geschichte. Sie sei vielmehr sein Kommentar zur Politik von Michail Gorbatschow gewesen, den er nicht für den »neuen Gott und Erlöser«, sondern für den »Abdecker« hielt.[149] »Ich schreibe nicht über einen Menschen, der an der DDR zugrunde geht. Meine Intention war eine andere. Das Mädchen symbolisiert den Sozialismus, der sich kurz vor dem Frühling verabschiedet. Das hat nur keiner mitbekommen.«[150]

Alles wird besser

Wir wollen die Dose
Spray unter'm Arm
Wir woll'n den woll...
... weichen Streichelcharme
Wir wollen die Droge:
Asiatischen Tee
Und Unterwelt-Pornos
Aus Übersee

Wir wollen die Umwelt
Wir wollen Benzin
Und übersinnliche
Energien
Wir wollen schön sein
Aber auch klug
Doch in jedem Falle
Reich genug

Alles wird besser
Aber nichts wird gut

Wir wollen das Auto
Mit Klapprad im Heck
Ein schickes Zuhause
Und immer nur weg
Wir wollen jung
Aber mächtig sein
Und alle Wetter lang
Nur Sonnenschein

Wir wollen die Insel
Mit nichts drumrum
Und reichlich Beifall
Vom Publikum
Kritisches Lob
Und 'ne gute Kritik
Und im Fernseh'n
Uns're heiße deutsche Popmusik

Alles wird besser
Aber nichts wird gut

Text: Werner Karma

Der Song beginnt dramatisch, mit aufwallenden Beckenschlägen und einer gläsern klingenden Gitarre, die mehrfach auf »Februar« zu hören ist, hier aber im Vordergrund steht. Sie wurde teilweise über spezielle Kompressoren und Effektgeräte direkt ins Mischpult gespielt und mit rhythmischen Delays versehen, was eine bis dahin selten gehörte Dichte im Gitarrensound erzeugte. Der Anschlag ist hart, das Picking transparent, die Verzögerungs- und Stereo-Effekte zeichnen Wellenkreise. Wir blicken in das eisige, klare Wasser, ein bodenloses Grab.

Tamara Danz setzt zum Klagegesang an und wirkt dabei so intensiv, wie in keinem anderen Song. Produzent Uwe Hoffmann hat dafür eine spezielle Erklärung: »Wir sind nach einem harten Arbeitstag in West-Berlin durch die Kneipen gezogen und haben ein bisschen gefeiert. Es muss frühmorgens gegen vier gewesen sein, als Tamara plötzlich sagte: ›Jetzt möchte ich singen.‹ Also fuhren wir ins Studio. Tamara stellte sich ans Mikro und sang ›Über ihr taute das Eis‹. Diesen Moment werde ich nie vergessen, er berührt mich bis heute. Ich glaube, dass der Song die intime Atmosphäre widerspiegelt: eine schlafende Stadt, das leere Studio, Tamara, die mit geschlossenen Augen in eine andere Welt taucht.«[151]

Die wandelnde Stimmung des Tracks, die zwischen Verzweiflung, Entschlossenheit und der Gewissheit ewigen Friedens oszilliert, wird durch harmonische Wendungen unterstrichen, die das übliche Maß des Pop überschreiten. Mit der zweiten Strophe findet ein scharfer Akkordwechsel statt. Die Frau bricht vom Ufer auf, wir wissen, dass sie nicht mehr aufzuhalten ist, fühlen, wie das Eis bricht. Als der tote Körper geborgen wird, hebt Tamara Danz voller Schmerz ihre Stimme, der Fretless Bass weint. Voices-Sounds, die vom Keyboard erzeugt werden, und eine schwebende Gitarre bringen den Refrain zum Strahlen. »Erfroren zwischen den Menschen / wurde ihr wieder so heiß / als sie hinab zu den Fischen sank / Und über ihr taute das Eis«. Schlagzeug-Breaks geben die Erregung wieder, schleifende Chöre den Kummer. Entkleidet man den Refrain seiner klanglichen Patina und reduziert ihn auf sein harmonisches Gerüst, hört man die Choral-Fragmente eines Requiems. Das Lied schließt mit seiner zentralen Botschaft, die beharrlich wiederholt wird: »Über ihr taute des Eis«. Ob das an der menschlichen Wärme des Mädchens oder der zu Kräften kommenden Sonne liegt, bleibt der Fantasie des Hörers überlassen.

Die beiden letzten Songs auf »Februar« sind eine Art Déjà-vu. In »Männer wollen Frauen« begegnen wir einem weiblichen Charakter, den wir bereits aus dem Silly-Hit »So 'ne kleine Frau« kennen. Schon damals hatte sie kein Glück mit den Männern, wirkte ihr Leben wie ein Trauerspiel. Nun treffen wir sie also wieder. Die Jahre des Suchens und der Enttäuschung haben Spuren hinterlassen, sie ist stiller geworden, zurückhaltender. Während sie früher sexuell leicht entflammte, bleibt ihr Körper heute kalt. Sie fühlt nichts, wenn sie »durch die kühlen Kissen« geschoben wird, keiner findet ihr »Zundschloss«. Aber sie versucht es immer wieder. Wir hören den Refrain und ahnen die Ausweglosigkeit: »Und du schminkst dich wie ein Clown / doch das Zelt ist leer / Alle Männer wollen Frau'n / will dich keiner mehr?« Es ist eine rhetorische Frage, die da im Raum steht.

Auch »Paradiesvögel« erinnert aufgrund seiner dramaturgischen Wirkung an frühere Silly-Alben. Tamara Danz hält in einem beschwingten 6/8-Walzer Zwiesprache mit ihrem Alter Ego. Es ist ein Paradiesvogel, der ihr die Augen öffnet, bevor er durchs

Fenster entschwindet. Sein schwereloses Kreisen kündet von Freiheit und Anarchie, es bringt die alten Illusionen ins Wanken. Den falschen Freunden fällt die Maske vom Gesicht, die »Poster« des Ruhms, die Tamara Danz' »Zimmer« schmücken, werden »blass«, ihr »Traumreich« zerspringt »in Scherben«. Der Refrain klingt wie eine Mahnung und ist doch als Ermutigung gemeint: »Paradiesvögel sperrt man nicht ein / Sie brauchen den Himmel ganz, ein Stück ist zu klein«. Sollten wir es nicht selbst einfach mal wagen?

Verglichen mit den anderen Songs von »Februar«, fällt die klare, kohärente Struktur des Liedes auf und seine kathartische Harmonie. Die Keyboards klingen zum Teil wie ein Filmorchester, sie rollen eine große Leinwand vor uns aus. Das Schlagwerk beschreibt mit seinem Hall weite Räume, Chorus-Effekte verleihen dem Fretless Bass eine schwebende Fülle. In der Bridge nimmt uns eine weiche, durch eine Leslie-Box verfremdete Gitarre gefangen. Kunstvolle Sounds erinnern an das bezaubernde Wesen verschiedener Vögel, an den Schwirrflug der Kolibris oder das majestätische Schreiten von Kasuaren. Es sind Bilder der Erlösung und des Friedens, die über die Mühsal des Winters triumphieren. »Februar« endet in einem optimistischen Dur. Wir sind bereit für den Frühling.

Zähneknirschen und Applaus

Wie alle Silly-Alben wurde auch »Februar« ein großer Erfolg in Ostdeutschland. Die Platte verkaufte schon in den ersten drei Monaten 91.000 Exemplare und damit ein Vielfaches von dem, was andere Bands abzusetzen vermochten. Seit Jahren befand sich der etablierte, medienpräsente DDR-Rock in einer existenziellen Krise, schrumpften seine Relevanz und sein Publikum. Eine neue Generation hatte sich mental längst in den Westen verabschiedet und strafte die einheimischen Gruppen als staatstragend ab. Silly, City und Pankow waren die Ausnahme. Ihre Musik klang modern, die Texte hatten Kraft.

Wenn es nach dem Willen der politischen Entscheider gegangen wäre, hätte »Februar« in dieser Form nie erscheinen dürfen. Die Botschaft der LP überschritt ganz klar die Toleranzgrenze. Anders als zuvor liefen jegliche Zensurbestrebungen jedoch ins Leere. Keyboarder Ritchie Barton erinnert sich an eine Schlüsselszene: »Amiga-Chef René Büttner kam zur Abnahme ins Preußen Tonstudio. Nachdem wir uns die Produktion angehört hatten, herrschte einen Moment lang Stille. Dann sagte Büttner: ›Na, so geht das aber nicht!‹ Tamara entgegnete trocken: ›Bütti, die Platte ist fertig.‹ Punkt! Büttner kannte bis dahin einen Teil der Texte noch gar nicht, weil sie erst während der Aufnahmen entstanden waren. Der Osten hatte die Kontrolle verloren und keinen Zugriff mehr, er wurde vor vollendete Tatsachen gestellt. Ariola hätte das Album in jedem Fall veröffentlicht und aus einem Verbot sogar noch Marketingkapital geschlagen. So mussten die Funktionäre klein beigeben.«[152]

Auch ein zweiter Versuch scheiterte kläglich. Der Generaldirektor der Mitropa beschwerte sich über die geschäftsschädigende Wirkung von »Ein Gespenst geht um« und verlangte, dass man »Februar« per einstweiliger Verfügung vom Markt ziehe. Tamara Danz: »Natürlich kam das von oben, die haben nur jemand gesucht, der dem Ding einen legalen Anstrich gibt. Kurz vor der Verhandlung wurden die darauf aufmerksam gemacht, dass der Gerichtsstand der Ariola sich in München befindet – dass sie das also eine ganze Stange Westgeld kosten würde, da sie damit schwerlich durchkämen. So war das auch

Silly, 1989, Pressefoto, von links: Ritchie Barton, Thomas Fritzsching, Jäcki Reznicek, Tamara Danz, Uwe Hassbecker, Herbert Junck © BMG Ariola

gestorben.«[153] Klarer konnte die Bankrotterklärung nicht ausfallen: »Die Ideologie hat vor der Macht des Geldes kapituliert.«[154]

Das Zähneknirschen des Staates war hier und dort in der Presse zu vernehmen. Früher galten Sillys Alben als sakrosankt, wurden sie einhellig gelobt – nun mischten sich kritische Töne in den Applaus. Manche Zeitungen druckten mehrere Rezensionen parallel, stellten Pro- und Kontraargumente nebeneinander und suggerierten auf diese Weise, dass es um einen fairen Meinungsstreit ginge. Tatsächlich sollte die bittere Pille nur etwas verpackt werden. Man kreidete den Lyrics »Distanz« und einen Mangel an »produktiver Haltung«[155] an, eine Ost-West-»Beliebigkeit«[156] und »pessimistische Weltsicht«.[157] »Warum eigentlich ist Silly eine aktivere, engagiertere Lebenshaltung fremd geworden?« Auch musikalisch gleiche »Februar« einem

»Scherbenhaufen«, der »ohrenfreundliche Melodien« vermissen ließe.[158]

Allergisch reagierte man auf den Hit »Verlorene Kinder«. Wollte die Band etwa unterstellen, dass es diese Art von sozialer Not und Fernweh in der DDR gäbe? Das wäre nicht nur »ungerecht«, sondern ginge an der Realität komplett vorbei.[159] Tamara Danz und Gerhard Gundermann hätten eindeutig erklären müssen, dass nur West-Berlin gemeint sein kann. Dort fände man solche Schicksale zuhauf. Nicht zuletzt gehörten zahlreiche Töchter und Söhne türkischer Gastarbeiter zu den »verlorenen Kindern«, die auf den Straßen von Kreuzberg ein kümmerliches Dasein fristeten und sich nach ihrer südlichen Heimat sehnten.[160]

Auf Abstand gingen auch die intellektuelle und die Fachpresse, die sich sonst bei jedem Silly-Opus vor Begeisterung überschlugen. Nun fällten sie blasierte Urteile. Irrsinnigerweise warf man den Songs, die so kunstreich die Zeichen der Zeit einfingen, ein »zu wenig verarbeitetes, zu wenig mit Tiefe gefülltes Beobachten« und »Problemvereinfachung« vor.[161] Vielleicht wollten sich die Autoren die Finger nicht verbrennen, Schwierigkeiten mit Sillys Trennung von Werner Karma und ihrem neuen Selbstbewusstsein hatten sie allemal.

Uneingeschränkt positive Stimmen waren selten. Radiomoderator Lutz Bertram, der die Band mit reichlich Airplay segnete und gleichzeitig für die Stasi abschöpfte, entdeckte keinerlei Makel. Er rechnete Silly an, dass sie den wachen Geistern »aus dem Herzen« sprächen und befand: »›Februar‹ ist mir nicht als opportunistisches Unbehagen oder tränennasse Zerknirschung an den sogenannten ›Verhältnissen‹ begegnet, ich hatte eher das Gefühl, dass die Band mit Behagen auf die Zeiten des Wandels sieht.«[162] Ein ähnlicher Tenor durchzog die Leserpost an die Wochenzeitung »Sonntag«, die gleich drei Besprechungen des Albums zur Diskussion gestellt hatte. Im Unterschied zu den beckmesserischen Journalisten brachen die Fans für Silly eine Lanze. »Februar« verkörpere »etwas völlig Neues, Streitbares und produktiv Machendes, das in unseren Plattenläden noch nicht zu haben ist«.[163] Sämtliche Texte »sind von solcher Brisanz, provozieren schichtweise Assoziationen, dass es im wahrsten Wortsinne atemberaubend ist«.[164] Leicht verführe diese LP »zur Sucht«.[165]

Im Westen spielten derlei Deutungskämpfe keine Rolle. »Februar« wurde als »ein leidenschaftliches Rockalbum mit einer impulsiven Melange aus Funk- und Hard-Rock-Zutaten« gefeiert. Den Lyrics attestierte man einen »teilweise richtig schön rotzigen Sprachwitz«.[166] Als Silly nach einem 13-tägigen Warm-up in der DDR im April 1989 auf »Verlorene Kinder Tour« durch die Bundesrepublik und Österreich zogen, schwärmte der Rezensent des Auftaktkonzerts von den »absolut starken Musikern«. Er beschwor die Zeitungsleser: »Wer Silly nicht kennt, hat verpennt.«[167]

Insgesamt waren die Westmedien weniger an Musikkritik und Exegese interessiert als an der politischen Aura dieser Ostband, die da so lautstark die Mauer überwand. Silly wehrten sich gegen den einseitigen Fokus und erklärten in der Ariola-Pressemappe: »Wir möchten einmal ein Interview erleben, wo es nur um unsere Musik geht. Bruce Springsteen wird doch auch nicht permanent gefragt, warum er in den USA lebt. Wir leben hier, weil wir hier aufgewachsen sind, unsere Freunde hier sind und sich letztlich doch der Mist – politisch wie sozial – gegenseitig aufhebt, egal wo man lebt. Aber hier wissen wir genau, wofür oder wogegen wir zu kämpfen haben. Das haben wir während unserer vielen Reisen festgestellt.«[168]

Dieses Credo verteidigten Tamara Danz und Uwe Hassbecker auch in einem Gespräch mit dem DDR-Rock-Experten Olaf Leitner, das der RIAS Ende März 1989 unter dem Titel »Das Reisen dämpft die Illusionen« ausstrahlte. Leitner meinte, dass »Februar« »nicht unbedingt DDR-spezifische Themen enthält«, sondern mit seiner »depressiven Grundtendenz« universale Probleme des modernen »Industriestaats« adressiere und damit auf einen »überländlichen Markt« ziele. Er wurde von den Silly-Musikern korrigiert. Die Botschaften speisten sich allein aus der ostdeutschen Erfahrung, was man in den Songs zu hören bekommt, »spielt sich in der DDR ab«. Tamara Danz verwies auf die Fehlinterpretation von »Verlorene Kinder«, die das Lied in Kreuzberg verortet, und stellte richtig: »Wir schreiben nicht Nummern über den Westen, denn wir sind eine DDR-Band, wir beschreiben unsere Verhältnisse.«[169]

Die Ostberliner Behörden nahmen Sillys Auftritte in den Westmedien minutiös zur Kenntnis und stießen sich an den politischen Spitzen. Am Rande zur Katastrophe rangierte ein langer Artikel, den das auflagenstarke Wochenmagazin »Stern« im März 1989 veröffentlichte. Westreporter hatten ein Silly-Konzert im brandenburgischen Frankfurt (Oder) besucht und waren vom großen Polizeiaufgebot, das ihnen galt, beeindruckt. Sie berichteten, wie die Musiker von der Bühne herab die Stasi begrüßten und auch sonst kein Blatt vor den Mund nahmen. Man sprach über Zensur, die Umweltsünden des Landes, den Hoffnungsschimmer Gorbatschow und das wärmende Nest der Heimat. Die Dissidenten Freya Klier und Stephan Krawczyk, die der Osten in den Westen gedrängt hatte, wurden als »Jammerlappen«[170] abgebürstet – wofür sich Tamara Danz in einer scharfen Replik das Etikett »Lieblingskind von FDJ und SED-Führung«[171] gefallen lassen musste. Schlagzeuger Herbert Junck griff Staatschef Erich Honecker an. Er »schäme« sich für dessen Behauptung, dass die Mauer auch noch in 100 Jahren stehen würde.[172] Ein großformatiges Bandfoto setzte der Provokation die Krone auf. Es zeigte Silly mit versteinerten Mienen vor dem Brandenburger Tor, an der Scheidelinie zwischen Ost und West. Man glaubt, ihr »SOS« zu hören.

Als der ketzerische Beitrag am 30. März 1989 erschien, trat Tamara Danz die Flucht nach vorn an. Ihr und den anderen Musikern war klar, dass Vergeltung drohte und die bald beginnende Westtournee auf dem Spiel stand. Die Sängerin rief am 2. April, einem Sonntag, Hartmut König, den sie aus Oktoberklub-Zeiten kannte und der inzwischen zum Stellvertretenden Kulturminister aufgestiegen war, privat an und bat um eine Aussprache. Sie fand schon am nächsten Tag im Büro des Leiters der Abteilung Unterhaltungskunst statt. Silly beteuerten ihre Unschuld. Sie warfen der Illustrierten eine tendenziöse und verzerrte Berichterstattung vor, man hätte Aussagen aus dem Zusammenhang gerissen und der Band verwehrt, die Zitate zu autorisieren. Des Weiteren unterstrich das Protokoll: »Obwohl die Gruppe bei diesem Gespräch als auch bei anderen Presseinterviews ständig – auch schriftlich – betont, dass sie Fragen zu ihrem Beruf, zu ihrer Musik beantworten wollen und keine politischen Fragen, wurden sie jedoch immer wieder nur zu politischen Problemen befragt.«[173] Man schenkte der Band Glauben, sie kam noch einmal ungeschoren davon. Als neue riskante Statements ruchbar wurden, bestellte das Kulturministerium im Mai 1989 die Künstler und ihre Managerin abermals ein und drohte »rechtliche

Ost-Berlin, 1990: Silly unterstützen mit einem Konzert in der ehemaligen Stasi-Zentrale eine Aktion von Bürgerrechtlern, die das Gelände besetzt haben, um eine Vernichtung von Akten zu verhindern. Im Bild: Tamara Danz und Uwe Hassbecker © Rolf Zoellner

Konsequenzen« sowie den Entzug der Dauervisa an. Schließlich gab es »für derartige Medienaktivitäten keine Genehmigung«.[174]

Ungeachtet der grellen Schlagzeilen blieben die Verkäufe von »Februar« im Westen hinter den Erwartungen der Plattenfirma zurück. Verglichen mit den Amiga-Bilanzen wirkten die Zahlen in der Bundesrepublik fast schon wie ein Flop. Dennoch hielt Ariola-Chef Thomas Stein an Silly fest. Während der Album-Präsentation in München prophezeite er den Musikern eine rosige Zukunft: »Unsere Intention ist es, die Gruppe systematisch von unten aufzubauen.«[175] Doch die Dinge nahmen eine unerwartete Wendung. Als die Mauer fiel, drehte sich das Interesse der Vermarktungsapparate. Man wollte Silly auf Pop trimmen und inhaltlich verbiegen. Die Band zog die Reißleine, kündigte ihren Vertrag mit Ariola.

Auslaufrille

Ich kenne Silly seit ihren frühesten Tagen und habe sie oft live erlebt – in Studentenclubs, Kulturhäusern, auf der Ostberliner Insel der Jugend oder im Palast der Republik. Doch ein Abend ist mir in besonderer Erinnerung geblieben: das Open-Air-Konzert am 15. September 1989 im brandenburgischen Dorf Altdöbern.

Tamara Danz tritt ans Mikrofon, spricht zu den Fans. Es sind schwierige Zeiten. Der Sommer verweht, und die Zweifel wachsen. Über 50.000 DDR-Bürger sind während der vergangenen zwei Monate in den Westen geflohen, so viele wie nie zuvor. Das Land scheint auszubluten. Wie soll es weitergehen? Schaltet irgendwann der Letzte das Licht aus? Oder droht eine »chinesische Lösung«, die jeden Widerstand mit Waffengewalt niederwalzt? Ist der Staat zu Reformen bereit, steht ein Regierungswechsel bevor? Würde sich gar die Mauer öffnen? Niemand glaubt an diese Option.

Tamara Danz findet eindringliche Worte. Sie ermutigt zum Hierbleiben, warnt vor Lethargie, fordert politische Veränderungen. Die Masse lauscht gebannt, dann brandet Beifall auf. Sie feiert den Moment der Hoffnung und der Gemeinschaft. Am Bühnenrand stehen Stasi-Schergen, die Sängerin fest im Blick.

Wenige Tage später identifizierte der Geheimdienst die Silly-Frontfrau als Mitinitiatorin einer Resolution, die prominente Rockmusiker und Liedermacher am 18. September 1989 verabschiedeten und die von der politischen Führung einen radikalen Kurswechsel forderte. Sie war der schärfste und lautstärkste Künstlerappell des »Wende«-Herbstes. In der Einleitung der Erklärung, die eine drei viertel Schreibmaschinenseite umfasste, hieß es: »Wir, die Unterzeichner dieses Schreibens, sind besorgt über den augenblicklichen Zustand unseres Landes, über den massenhaften Exodus vieler Altersgenossen, über die Sinnkrise dieser gesellschaftlichen Alternative und über die unerträgliche Ignoranz der Staats- und Parteiführung, die vorhandene Widersprüche bagatellisiert und an einem starren Kurs festhält. Es geht nicht um ›Reformen, die den Sozialismus abschaffen‹, sondern um Reformen, die ihn weiterhin in diesem Land möglich machen.« Man positionierte sich klar gegen den Westen und hielt an linken Visionen fest. »Feiges Abwarten liefert gesamtdeutschen Denkern Argumente und Voraussetzungen. Die Zeit ist reif.«[176]

Weil der Staat den angemahnten Dialog und die Publikation des Textes verwehrte, verlasen ihn die Musiker von den Bühnen. Vergeblich versuchten das MfS und die kulturpolitischen Instanzen, die »aggressiv-feindliche Resolution«[177] zu stoppen. Sie schüchterten ihre Verfechter ein und übten Druck aus. Konzerte wurden abgesagt, Künstler mit Auftrittsverboten und Geldstrafen belegt. Auch Silly, deren Mitglieder zu den Erstunterzeichnern gehörten, bekamen regelmäßig von der Stasi Besuch. Man agitierte sie und biss doch auf Granit.

Nachdem Tamara Danz das gefürchtete Papier dreimal öffentlich vorgetragen hatte, wurden der Band alle weiteren Gigs unter fadenscheinigen Vorwänden gestrichen. Man führte technische Probleme, Rohrbrüche und Ähnliches ins Feld. Nur einmal wurde Tacheles geredet. Per Telegramm teilte man den Musikern mit: »Da gegenwärtig nicht abzusehen ist, dass die Gruppe Silly ihre abgegebene Erklärung, die vorliegende Resolution in ihren öffentlichen Veranstaltungen zu verlesen, widerruft, sehen wir uns veranlasst, die für morgen geplante Veranstaltung abzusagen.«[178]

Silly hätten sich aus dem riskanten Schlagabtausch mit dem Staat heraushalten können, so wie es andere taten, um stattdessen an ihrer Karriere im Westen zu feilen. Dort standen ihnen viele Türen offen. Letztlich fehlte den Musikern aber die nötige Kompromissbereitschaft und der Wille zur Anpassung, um wirklich durchzustarten. Sie hätten ihre Wurzeln im Osten kappen und sich den opportunistischen Regeln des Marktes unterwerfen müssen. Dazu waren sie nicht bereit. Der Ruhm und die Verlockungen des Westens konnten Silly nicht verbiegen. Sie waren eine DDR-Band und gaben diese Identität nicht preis. Ariola-Chef Thomas Stein ist bis heute von ihrer Integrität beeindruckt: »Tamara Danz, Ritchie Barton oder Uwe Hassbecker bleiben mir als Menschen mit Format in Erinnerung. Sie standen zu ihrem Wort. Diese Art von Verbindlichkeit gab es leider nicht sehr oft.«[179]

Nach dem Mauerfall sahen sich Silly wie alle anderen DDR-Künstler vor existenzielle Herausforderungen gestellt. Quasi über Nacht implodierte die staatlich verwaltete Infrastruktur von Klubs und Kulturhäusern, fielen soziale Sicherheiten weg. Die Fans hatten endlich die Chance, ihre internationalen Idole live zu erleben und gingen kaum noch zu den Konzerten der einheimischen Bands. Diese kannten sie schließlich zur Genüge. Erschwerend kam hinzu, dass eine »künstlerische Lähmung«[180] um sich griff, wie es Tamara Danz formulierte. Mit dem Staat verschwand »der gemeinsame Feind«, eine wichtige kreative Reibungsfläche.[181] Rockmusik fungierte nicht länger als Gegenöffentlichkeit und alternativer Kommunikationsraum. Auch Silly spürten den Sinnverlust. Jim Rakete brachte es auf den Punkt: »Mit dem Fall der Mauer fehlte plötzlich jener Widerstand, der Silly stark gemacht hatte. Das war der Elefant im Raum. Der Gegner hatte den Ring verlassen.«[182]

Tamara Danz war während der »Wende« häufiger in Talkshows als auf der Konzertbühne. Sie sah die Wiedervereinigung überaus kritisch, warnte vor einer Annexion der DDR durch die BRD. Ende November 1989 gehörte sie zu den Erstunterzeichnern des von prominenten Intellektuellen initiierten Aufrufs »Für unser Land«, der »einen Ausverkauf unserer materiellen und moralischen Werte« ablehnte und »eine sozialistische Alternative zur Bundesrepublik« forderte.[183] Später unterstützte die Sängerin einen »Appell zur Gründung von Komitees für Gerechtigkeit«. Diese kommunalen Gremien richteten sich gegen die Degradierung der Ostdeutschen zu »Menschen zweiter Klasse«.[184] Tamara Danz bekannte sich zu ihrer DDR-Prägung und ließ doch keinen Zweifel daran, dass sie eine nostalgische Verklärung der Vergangenheit für gefährlich hielt. Sie verlangte eine schonungslose Ahndung von Unrecht, die Öffnung der Stasi-Akten und die Aufdeckung der gegen Gesetz und Moral verstoßenden Bereicherung an Volkseigentum durch ehemalige Spitzenfunktionäre der SED und FDJ.

Tamara Danz, 1986 © Herbert Schulze

Nicht jeder zollte ihrem Einsatz Applaus. So mancher Journalist stellte die Glaubwürdigkeit der Musikerin infrage und kübelte Hass und Häme über sie aus. Der Redakteur eines ostdeutschen Rockmagazins, der sich feige hinter einem Pseudonym versteckte, tarnte seinen Schlag unter die Gürtellinie als Satire. Tamara Danz sitzt zu Hause, kippt ein Bier nach dem anderen und trauert der DDR hinterher. Sie kommt mit der Realität nicht klar. Ihr fiktiver Monolog ist ätzend und ordinär, die Gesinnung ruchlos. »Jetzt müssen wir wieder die Betroffenen spielen. So tun, als ob uns das Drama der Massenentlassungen im Osten irgendetwas anginge, als spräche man deren Sprache.«[185] Tamara Danz hat sich gegen derlei Impertinenz erbittert gewehrt und dabei nicht immer den richtigen Ton getroffen. Besser gelang ihr das mit einem Song: »Keine Angst, es ist nur der Neid / Neider platzen weg mit der Zeit«.[186]

Der Titel stammt vom Silly-Album »Hurensöhne«, das im April 1993 veröffentlicht wurde. Diesmal schrieb Tamara Danz drei Viertel aller Texte allein, den Rest teilte sie sich mit Gerhard Gundermann. Aus ihrer Feder stammten die brisantesten Lyrics. Hier musste man nicht lange deuten und die eigene Fantasie bemühen, die Botschaft lag auf der Hand. »Hurensöhne« wird von zwei Tracks gerahmt, die mit der Wiedervereinigung abrechnen. Der Opener, »Halloween in Ostberlin«, ist die sarkastische Beschreibung einer erbarmungslosen Goldgräberstimmung. Wie Blutsauger fallen »die schaurigsten Gestalten« in den verschlafenen Osten ein und teilen den »neuen deutschen Kuchen« unter sich auf. Der trottelige Ex-DDR-Bürger wird derweil mit »Plunder« und »Fusel« betäubt. »Dann räumen sie von ganz allein / die Buden und die Posten / Und wir zieh'n weiter mit Geheul / zum nächsten Fest gen Osten / Da tobt auch schon die Klopperei / und wir, die guten Geister / zieh'n denen auch das Hemd vom Arsch / nur flinker noch und dreister«. Doch unter der bald abgeweideten Oberfläche schlummert ein rebellischer Keim. Die Ehe von Ost und West, von »Schlampe« und »Held«, wie sie das letzte Lied, »Traumpaar«, beschreibt, trügt mit scheinbarer Harmonie. »Die feuerroten Haare / hat man ihr schwarz gemacht / Ich hab den blassen Schimmer / die wachsen wieder nach«.[187]

»Hurensöhne« war das letzte Silly-Album mit explizit politischen Songs. Die nächste LP, »Paradies«, hörte man als reifes Werk über Liebe und Tod. Noch einmal hob die Band zum Steilflug ab. Am 22. Juli 1996, nur wenige Monate nach dem Release der Platte, starb Tamara Danz an Krebs.

2006 formierten sich Silly neu. Als Sängerin rekrutierte man die Schauspielerin Anna Loos, was sich als genialer Schachzug entpuppte. Loos stammte zwar aus dem Osten, war als Filmschauspielerin jedoch ein überregionaler Star. Ihre Popularität bescherte Silly eine zweite, gesamtdeutsche Karriere. Als Loos nach zwölf Jahren wieder von Bord ging, engte sich der Radius der Band erneut auf den Ostteil ein. Es sind vor allem in der DDR geborene Fans und ihre Kinder, die heute zu den Gigs pilgern, um das wärmende Gefühl der Gemeinschaft zu spüren, miteinander zu feiern und um ein Stück Erinnerung zu teilen. Silly arbeiten inzwischen mit verschiedenen Gastvokalisten, bleiben auf diese Weise dynamisch. Ihre Shows featuren neues Material und holen die alten Hits ins Hier und Jetzt. Weil sie elementare Einsichten in das Menschsein speichern, bleiben sie auch für nachwachsende Generationen relevant. Sie besitzen kein Verfallsdatum. In ihrer Bildsprache und Poesie spiegeln sich die Erfahrungen der Gegenwart.

Im Sommer 2023 besuche ich nach langer Zeit mal wieder ein Silly-Konzert. Ich staune über das große Publikum und die vielen jungen Gesichter. Die Band eröffnet das Open Air mit »Alles wird besser«, einem Stück von »Februar«. Jedes einzelne Wort ist gültig. Wir denken an die Kapitulation der Moral in einer hoffnungslosen Welt, an Krieg, Gier und Egoismus und den unaufhaltsamen Wettlauf in Richtung Abgrund. »Alles wird besser / aber nichts wird gut«. Die Leute singen aus voller Kehle mit.

Anmerkungen

1 Das Bild ist ein Unikat, es entstand exklusiv für die Galerie Kunstraum Jena. Mischtechnik auf Papier, 100 × 70 cm. In Kooperation mit dem Kunsthaus Lübeck wurde eine Giclée-Print-Ausgabe herausgegeben, Format 45 × 35 cm, limitiert auf 180 Exemplare, handsigniert von Armin Mueller-Stahl. Sie kann über kunstraum-jena.de bezogen werden.

2 Honnef, Klaus: Die Kunst des Augenblicks, in: Jürgen Strauss (Hg.): Armin Mueller-Stahl – Portraits. Malerei und Zeichnung, Berlin 2006, S. 15.

3 Armin Mueller-Stahl im Interview mit dem Autor, 22.07.2025. Hier und im Folgenden: Alle Zitate wurden von den Interviewten autorisiert.

4 Danz-Musik dreistimmig, in: Wochenpost 14/1986, S. 15.

5 Osang, Alexander: Tamara Danz. Legenden, Berlin 1997, S. 72.

6 Helsprø familie inntar Baldevin, in: Fædrelandsvennen vom 15.09.1979, S. 3.

7 Heinze, Waltraud: Rockmusik war immer ein Risiko. Die Befindlichkeiten der Tamara Danz [Interview], in: FF dabei 22/1990, S. 11.

8 Czerny, Peter, Chef der Generaldirektion beim Komitee für Unterhaltungskunst: Informationen zur Gruppe »Familie Silly«, 30.10.1980, Bundesarchiv (BArch), DR 1/26936.

9 Im Dienste einer besseren Lesbarkeit verwendet der Text nur die männliche Form von Begriffen. Sie schließt jedoch alle Geschlechter und Geschlechteridentitäten gleichberechtigt ein.

10 Plenzdorf, Ulrich: Die neuen Leiden des jungen W., Frankfurt am Main 1976, S. 27.

11 Sofern nicht anders angegeben, werden Karmas Lyrics hier und im Folgenden zitiert nach: Karma, Werner: Alles wird besser, nichts wird gut. Alte und neue Songtexte 1976–2001, Berlin 2002.

12 Eitner, Fredy: Ich habe »einen Bock«!, in: FF dabei 21/1982, S. 2.

13 Leser diskutieren, in: FF dabei 27/1982, S. 2.

14 Rundfunk der DDR, Hauptabteilung Musik: Konzeption der Lektoratsarbeit der Produktionsabteilung Tanzmusik, 14.07.1976, Deutsches Rundfunkarchiv (DRA), KV 38/76.

15 Witte, Jan: Auskünfte, in: Temperamente 1/1982, S. 44.

16 Interview des Autors mit Werner Karma, 20.09.2023.

17 Produktionsabteilung Tanzmusik: Lektorat vom 25.02.1981, DRA, HA Musik/Abt. TM 1981.

18 Fensch, Eberhard an Heinz Geggel, 02.11.1981, BArch, DY 30/vorl. SED 25942.

19 Danz, Tamara: Ein rollender Stein setzt kein Moos an. Die »Gammler«-Jahre, in: Osang (Anm. 5), S. 206.

20 Karma, Werner: Halbzeit für Insulaner, in: Karma: Alles wird besser (Anm. 11), S. 317.

21 Lange, Wolfgang: Silly: Mont Klamott [Rezension], in: Melodie und Rhythmus 7/1983, S. 2.

22 Dittmann, Ingeborg: Der »Mont Klamott« im Plattenstudio, in: neues leben 1/1983, S. 35.

23 MfS: Hinweise zum Auftreten der »Gaukler-Rockband« am 10.12.1980 in Berlin sowie deren Pläne und Absichten, 18.12.1980, BArch, MfS, HA XX/AKG, Nr. 5997, Bl. 202 und 201.

24 BV für Staatssicherheit Suhl, Abt. XX, an MfS Berlin, HA XX/2, Leiter: Information zum Auftreten der »Gaukler-Rock-Band«/Berlin am 21.10.1980 in Suhl, 03.11.1980, BArch, MfS, BV Suhl, Abt. XX, Nr. 2281, Bl. 2.

25 Hönig, Bernhard: Liner Notes zum Sampler Kleeblatt 1/81, Amiga 855805.

26 König, Hartmut: Die Verantwortung der FDJ für Kultur und Kunst in den Kämpfen unserer Zeit, in: Zentralrat der FDJ (Hg.): Kulturkonferenz der Freien Deutschen Jugend, Berlin (DDR) 1982, S. 21.

27 Zentralrat der FDJ: Information über den Stand der Auswertung der Kulturkonferenz der FDJ, 11.01.1983, BArch, DY 24/10187.

28 MfS: Information über beachtenswerte Reaktionen von Personen aus dem Bereich Kultur und Kunst zur Kulturkonferenz der FDJ vom 21. bis 22. Oktober 1982 in Leipzig, 08.12.1982, BArch, MfS, ZA, ZAIG 3255, Bl. 4.

29 Alle Zitate entstammen der Urfassung des Dokuments. Argumentation zu einigen Fragen der Entwicklung der Rockmusik in der DDR, BArch, MfS, HA XX, Nr. 11105, Bl. 41, 42, 46–50.

30 Ebd., Bl. 42.

31 Osang (Anm. 5), S. 62.

32 Produktionsabteilung Tanzmusik: Lektorat am 07.09.1981 [Protokoll], 15.09.1981, DRA, HA Musik/Abt. TM 1981.

33 Produktionsabteilung Tanzmusik: Schreiben der Gruppe Silly, 17.09.1982, DRA, HA Musik/1982.

34 Karma,Werner: Abschiedsbrief an meine tote Freundin, in: Osang (Anm. 5), S. 220.

35 Abdruck der Urfassung in: Leitner, Olaf: Rockszene DDR. Aspekte einer Massenkultur im Sozialismus, Reinbek bei Hamburg 1983, S. 116.

36 Karma, Werner: »Sonnenblumen (für Tamara)«, in: Wolfgang Martin: Paradiesvögel fängt man nicht ein. Hommage an Tamara Danz, Berlin 2021, S. 62.

37 Karma: Halbzeit für Insulaner (Anm. 20), S. 308.

38 Gib mir Asyl. Hier im Paradies. Ein letztes Interview [mit Tamara Danz], in: Osang (Anm. 5), S. 24.

39 Jacobus, Hans: Wenn ich das Gefühl habe, die Arbeit hat sich gelohnt... [Interview mit Tamara Danz], in: FF dabei 24/1987, S. 7.

40 Danz, Tamara: Zum Stichwort Privilegien für Künstler in der DDR, in: Berliner Zeitung vom 29.11.1990, S. 17.

41 Karma: Halbzeit für Insulaner (Anm. 20), S. 301.

42 Steineckert, Gisela: Brief an Hans-Joachim Hoffmann, 23.10.1984, BArch, DR 1/19380.

43 Rundfunk der DDR, Produktionsabteilung Tanzmusik: Zu Rocktexten, die in den letzten Monaten abgelehnt wurden, 17.11.1982, DRA, HA Musik/1982.

44 Karma: Halbzeit für Insulaner (Anm. 20), S. 318.

45 Ebd., S. 316.

46 Ebd., S. 315–316.

47 Dittmann: Der »Mont Klamott« im Plattenstudio (Anm. 22), S. 34.

48 Schmidtendorf, Hermann: Man muss überall für seine Ideen kämpfen [Interview mit Tamara Danz], in: Vorwärts 51/52–1986, S. 52.

49 Interview des Autors mit Werner Karma, 20.09.2023.

50 Heinze, Waltraud: Als DDR-Musiker unverkennbar sein, in: Junge Welt vom 13.01.1984, S. 5.

51 Karma: Halbzeit für Insulaner (Anm. 20), S. 312.

52 Radmann, Martin: Langspielplatte des Jahres 1983: »Mont Klamott«, 27.01.1984, Kopie des Dokuments im Besitz des Autors.

53 Zit. in: Hentschel, Christian: Du hast den Farbfilm vergessen... und andere Ostrockgeschichten, Berlin 2000, S. 330–331.

54 Interview des Autors mit Tamara Danz, 08.05.1990.

55 MfS, HA II: Information: Aktuelle Situation im Komitee für Unterhaltungskunst, 16.03.1987, BArch, MfS, BV Berlin, Abt. XX, Nr. 9155, Bl. 288.

56 Dieckmann, Christoph: Sie war von hier, in: Die Zeit vom 02.08.1996, S. 26.

57 Danz: Zum Stichwort Privilegien (Anm. 40).

58 Erber, Gabriele: Fans in der Rockmusik. Aspekte einer aktiven Wirklichkeitsbewältigung im sozialen Gebrauch von Rockmusik durch Jugendliche in der DDR, Dissertation A, Humboldt-Universität zu Berlin 1988, S. 249.

59 Voos, Gabriele: Rockmusik im sozialen Gebrauch Jugendlicher. Eine Analyse der Fanpost der DDR-Rockgruppe Silly, Diplomarbeit, Humboldt-Universität zu Berlin 1985, S. 54.

60 Ebd., Anhang.

61 Ebd., S. 60.

62 Ministerrat der DDR: Anordnung über die Auswahl, Bestätigung und Vorbereitung von Reise- und Auslandskadern und die Durchführung ihrer dienstlichen Reisen, 13.01.1982, BArch, MfS, BdL, Dok. 003846, Bl. 9.

63 Familie Silly: Brief an Kurt Hager, 29.04.1981, BArch, DY 30/27370.

64 Familie Silly: Eingabe an Kurt Hager, 13.09.1982, BArch, DY 30/27370.

65 Hager, Kurt [maschinenschriftliche Notiz], 03.02.1983, BArch, DY 30/27370.

66 Wicke, Peter: Zwischen Förderung und Reglementierung. Rockmusik im System der DDR-Kulturbürokratie, in: Peter Wicke, Lothar Müller (Hg.): Rockmusik und Politik. Analysen, Interviews und Dokumente, Berlin 1996, S. 14.

67 Anlage zum Brief von Kurt Hager an Erich Mielke, 12.04.1984, BArch, MfS, ZA, ZAIG 3362, Bl. 14.

68 Ebd., Bl. 12.

69 MfS, BV Berlin [Fernschreiben], 20.10.1980, BArch, MfS, HA XX, 15826, Bl. 58.

70 MfS, BV Berlin, Abt. XX, an MfS, HA XX: Reisefähigkeit von Tamara Danz, 09.11.1984, BArch, MfS, HA XX, 15826, Bl. 116.

71 MfS: Tamara Danz, 1985, BArch, MfS, HA XX/AKG RK, Nr. 29650–29685, Bl 143.

72 MfS, HA XX, an BV Berlin, Abt. XX: Danz, Tamara – Sängerin in der Gruppe »Familie Silly«, 16.03.1981, BArch, MfS, HA XX, 15826, Bl. 65.

73 Alle Zitate: Steineckert, Gisela: Brief an Kurt Hager, 27.12.1984 [Eingang], BArch, DY 30/26311.

74 MfS, HA XX, Leiter, an BV Berlin: Reisekaderüberprüfung der Sängerin Tamara Danz, 31.01.1985, BArch, MfS, HA XX, 15826, Bl. 81.

75 MfS, BV Berlin, an HA XX, Leiter: Reisekaderüberprüfung von Tamara Danz, 21.02.1985, BArch, MfS, Bln. XX, A–496–6, Bl. 236.

76 Danz, Tamara: »Ich möchte alles versucht haben«. Der Ausreiseantrag, in: Osang (Anm. 5), S. 207–208.

77 Kopka, Fritz-Jochen: Good bye, Tamara, in: Wochenpost 32/1996, S. 39.

78 Zum Gespräch mit Tamara Danz, BArch, DY 30/895, Bl. 103.

79 MfS, Stellvertreter des Ministers, an ZK der SED, Abteilung für Sicherheitsfragen: Sängerin Tamara Danz von der Gruppe »Silly«, 21.03.1985, BArch, DY 30/895, Bl. 104.

80 Zentralrat der FDJ: Reisebericht zur Entsendung der Gruppe »Silly« zum Laulu-Festival vom 30.05. bis 04.06.1985 nach Helsinki, Kopie des Dokuments im Besitz des Autors.

81 Interview des Autors mit Jim Rakete, 22.09.2023.

82 Ebd.

83 Interview des Autors mit Silly, 18.09.2023.

84 Karma: Halbzeit für Insulaner (Anm. 20), S. 319.

85 Alle Zitate: Steineckert an Hoffmann, 23.10.1984 (Anm. 42).

86 Stellvertreter des Ministers für Kultur an den Minister für Kultur: Brief der Genossin Steineckert zur Schallplattenproduktion der Gruppe »Silly«, 29.10.1984, BArch, DR 1/19380.

87 Stellvertreter des Ministers für Kultur: Hausmitteilung an den Minister für Kultur, 23.10.1984, BArch, DR 1/26936.

88 Alle Zitate: Steineckert, Gisela: Brief an Hans-Joachim Hoffmann, 05.11.1984 [Eingang], BArch, DR 1/19380.

89 Karma: Abschiedsbrief an meine tote Freundin (Anm. 34), S. 219.

90 Steineckert an Hoffmann, 23.10.1984 (Anm. 42).

91 MfS: Reisefähigkeit von Tamara Danz, 09.11.1984 (Anm. 70).

92 Interview des Autors mit Silly, 18.09.2023.

93 Reder, Christian: Interview mit Helmar Federowski, 08.07.2016, www.deutsche-mugge.de, Aufruf am 06.06.2025.

94 Interview des Autors mit Helmar Federowski, 24.01.2025.

95 Interview des Autors mit Ritchie Barton, 12.05.2025.

96 Interview des Autors mit Helmar Federowski, 24.01.2025.

97 Steineckert an Hoffmann, 23.10.1984 (Anm. 42).

98 Interview des Autors mit Ritchie Barton, 12.05.2025.

99 Interview des Autors mit Micki Meuser, 26.01.2025.

100 Ebd.

101 Interview des Autors mit Helmar Federowski, 24.01.2025.

102 Interview des Autors mit Micki Meuser, 26.01.2025.

103 Lange, Wolfgang: Silly: Bataillon d'Amour [Rezension], in: Melodie und Rhythmus 9/1986, S. 4.

104 Wicke, Peter: Kraftakt, in: Sonntag 48/1986, S. 4.

105 Interview des Autors mit Bernd Frank, 06.07.2025.

106 Karma: Sonnenblumen (Anm. 36), S. 71.

107 Karma: Halbzeit für Insulaner (Anm. 20), S. 324.

108 Ebd., S. 323–324.

109 Haedicke, Ingolf: Silly: Liebeswalzer [Rezension], in: Unterhaltungskunst 7/1985, S. 25.

110 Interview des Autors mit Helmar Federowski, 24.01.2025.

111 Wicke: Kraftakt (Anm. 104).

112 Die Zitate stammen aus den Songs »EKG«, »Bataillon d'Amour« und »Panther im Sprung«.

113 Wicke: Kraftakt (Anm. 104).

114 Vgl. Lange: Silly (Anm. 103).

115 Georg Kreisler, 1972. www.georgkreisler.info, Aufruf am 07.07.2025.

116 Ceder, Hubertus: Rock von links, in: tip 24/1986, S. 204.

117 ZK der SED, Abteilung Agitation an Abteilung Kultur: Hausmitteilung, 18.04.1983, BArch, DY 30/23055.

118 Schmidtendorf, Hermann: Geballte Faust beim Liebeswalzer, in: Die Welt vom 20.11.1986, S. 29.

119 Lambertsen, Jakob: Skanderborgs smukkeste Danz, in: Jyllands-Posten vom 10.08.1987, S. 7.

120 Zitat Tamara Danz, in: Claus Richter: Portrat der Rockgruppe Silly, ARD, 05.09.1988 [Transkript der Redaktion Monitor beim Staatlichen Komitee für Rundfunk, DDR], BArch, MfS, HA XX, 15826, Bl. 141.

121 Leitner, Olaf: Porträt »Silly«, RIAS, 26.03.1989 [Transkript Monitor], Kopie des Dokuments im Besitz des Autors.

122 Schulz, Jürgen: Jahrelang über die Dörfer getingelt, in: Vorwärts vom 25.04.1987, S. 40.

123 Alle Zitate: Richter: Porträt (Anm. 120), Bl. 141 und 142.

124 Lahann, Birgit: Glasnost nach Noten, in: Stern 14/1989, S. 132–133.

125 Balkow-Gölitzer, Harry: Die Flaggschiffe dampfen nicht mehr, in: WOM-Magazin 11/1988, S. 5.

126 Regie: Dieter Schumann, Drehbuch: Dieter Schumann und Jochen Wisotzki, Kamera: Michael Lösche.

127 Leitner: Porträt (Anm. 121).

128 Walter, Birgit: Die Konsequenz der gut behüteten Tochter, in: Berliner Zeitung vom 16./17.09.1989, S. 10.

129 Alle Zitate: Steineckert, Gisela: Brief an Hans-Joachim Hoffmann, 30.03.1987, BArch, DR 1/19380.

130 Alle Zitate: Ministerium für Kultur: Betr.: Entwicklung der Gruppe »Silly«, 1987, BArch, DR 1/26936.

131 BMG Ariola: Silly: Februar [Pressemappe], München 1989.

132 Interview des Autors mit Thomas Stein, 12.10.2023.

133 Ebd.

134 Interview des Autors mit Jim Rakete, 22.09.2023.

135 Interview des Autors mit Thomas Stein, 12.10.2023.

136 Karma: Halbzeit für Insulaner (Anm. 20), S. 325.

137 Interview des Autors mit Werner Karma, 20.09.2023.

138 Karma: Halbzeit für Insulaner (Anm. 20), S. 326.

139 Interview des Autors mit Jürgen Schmidt-André, 04.07.2023.

140 Könau, Steffen: Lieder vom letzten Winter, in: Mitteldeutsche Zeitung, Wochenendbeilage vom 24./25.02.2024, S. 1.

141 Osang, Alexander: Eines Tages wollte Grigori Egon Krenz verbrennen, in: Berliner Zeitung vom 28.04.1995, S. 3.

142 Interview des Autors mit Uwe Hoffmann, 01.03.2024.

143 Ebd.

144 Interview des Autors mit David Heilmann, 30.01.2024.

145 Interview des Autors mit Dieter Ortlepp, 31.01.2024.

146 Interview des Autors mit Silly, 18.09.2023.

147 Marx, Karl, Friedrich Engels: Manifest der Kommunistischen Partei, Berlin (DDR) 1955, S. 33.

148 Interview des Autors mit Werner Karma, 20.09.2023.

149 Karma: Halbzeit für Insulaner (Anm. 20), S. 326.

150 Interview des Autors mit Werner Karma, 20.09.2023.

151 Interview des Autors mit Uwe Hoffmann, 01.03.2024.

152 Interview des Autors mit Silly, 18.09.2023.

153 Stolle, Ralph: Man muss auch bescheuerte Mehrheiten akzeptieren [Interview], in: Junge Welt vom 14.04.1993, S. 12.

154 Danz, Tamara: Ein Höchstmaß an Freiheit. Das stürmische Jahr 89, in: Osang (Anm. 5), S. 209.

155 Heinze, Waltraud: Noch nicht Frühling, in: Junge Welt vom 25./26.02.1989, S. 5.

156 Thomas, Ilona: Amigas außergewöhnliche Angebote, in: Berliner Zeitung vom 18./19.03.1989, S. 10.

157 Jachmann, Michael-Peter: Silly-Fans mussten auf Hits nicht verzichten, doch hitverdächtiges war kaum zu hören, in: Neuer Tag vom 30.05.1989, S. 3.

158 Beide Zitate: ebd.

159 Ebd.

160 Vgl. Günter, Gabriele: Noch nicht Frühling, in: Junge Welt vom 25./26.02.1989, S. 5.

161 Lange, Wolfgang: Silly: Februar [Rezension], in: Melodie und Rhythmus 2/1989, S. 13.

162 Bertram, Lutz: Februar [Rezension], in: Journal für Unterhaltungskunst 3/1989, S. 38 und 39.

163 Löhr, Albrecht: Silly-LP [Leserpost], in: Sonntag vom 14.05.1989, S. 2.

164 Bicher, Dietrich: Silly-LP [Leserpost], in: Sonntag vom 07.05.1989, S. 2.

165 Löhr: Silly-LP (Anm. 163).

166 Scholz, Martin: Texte vom Baggerfahrer, in: Frankfurter Rundschau vom 15.04.1989, S. 10.

167 Tiger, Eli: Silly holte die Fans delikat aus der Reserve, in: Berliner Morgenpost vom 13.04.1989, S. 14.

168 BMG Ariola: Silly (Anm. 131).

169 Leitner: Porträt »Silly« (Anm. 121).

170 Lahann: Glasnost nach Noten (Anm. 124), S. 136.

171 Klier, Freya: Matte für das Lieblingskind [Leserpost], in: Stern vom 20.04.1989, S. 11.

172 Lahann: Glasnost nach Noten (Anm. 124), S. 138.

173 Zabel, Bodo: Hausmitteilung an den Minister für Kultur, 04.04.1989, BArch, MfS, HA XX, 15826, Bl. 149.

174 Zabel, Bodo, Leiter Abteilung Unterhaltungskunst, Ministerium für Kultur: Aktennotiz, 11.08.1989, BArch, DR 1/19380.

175 Zit. in: Balitzki, Jürgen: Connection: Sillys »Februar« in München, in: Journal für Unterhaltungskunst 4/1989, S. 29.

176 Rauhut, Michael: Schalmei und Lederjacke. Udo Lindenberg, BAP, Underground – Rock und Politik in den achtziger Jahren, Berlin 1996, S. 291.

177 MfS [handschriftliche Notiz], 20.09.1989, BArch, MfS, HA XX, ZMA 2109, Bl. 1.

178 Rommel, Direktor Bezirkskonzert Suhl: Veranstaltung am 17.10.1989 [Telegramm], Kopie des Dokuments im Besitz des Autors.

179 Interview des Autors mit Thomas Stein, 12.10.2023.

180 Heinze: Rockmusik war immer ein Risiko (Anm. 7).

181 Ebd.

182 Interview des Autors mit Jim Rakete, 22.09.2023.

183 Für unser Land, in: Neues Deutschland vom 29.11.1989, S. 2.

184 Appell zur Gründung von Komitees für Gerechtigkeit vom 11. Juli 1992, in: Blätter für deutsche und internationale Politik 8/1992, S. 1023.

185 Holland, Alex: I got a six pack and I've nothing to do! Das Elend der Tamara Danz, in: NMI & Messitsch 1/1992, S. 82.

186 Aus dem Song »Neider«. Text: Tamara Danz.

187 Beide Texte: Tamara Danz.